国家文化产业资金支持媒体融合重大项目

U0648612

高等职业教育教学改革特色教材·财经通识课

珠算与点钞

（第四版）

侯雁　汪莉莉　主编

Zhusuan

Yu Dianchao

东北财经大学出版社　大连
Dongbei University of Finance & Economics Press

图书在版编目（CIP）数据

珠算与点钞 / 侯雁，汪莉莉主编. —4版. —大连：东北财经大学出版社，2021.8
（高等职业教育教学改革特色教材·财经通识课）
ISBN 978-7-5654-4249-0

Ⅰ．珠…　Ⅱ．①侯…②汪…　Ⅲ．①珠算–高等职业教育–教材②银行业务–高等职业教育–教材　Ⅳ．①O121.5②F830.4

中国版本图书馆CIP数据核字（2021）第126864号

东北财经大学出版社出版

（大连市黑石礁尖山街217号　邮政编码　116025）

网　　址：http://www.dufep.cn

读者信箱：dufep@dufe.edu.cn

大连天骄彩色印刷有限公司印刷　　　　东北财经大学出版社发行

幅面尺寸：185mm×260mm　　　　字数：194千字　　　　印张：10

2021年8月第4版　　　　　　　　　2021年8月第1次印刷

责任编辑：张晓鹏　曲以欢　　　　　　　　责任校对：京　玮

封面设计：冀贵收　　　　　　　　　　　　版式设计：钟福建

定价：32.00元

第四版前言

　　珠算作为一种计算技术，在我国已有上千年的历史，至今人们仍在使用，各级学校对珠算课程的教学也非常重视。我们编写《珠算与点钞》的目的在于寻找一条省时、省力和事半功倍的捷径，推动我国的珠算发展，培养学生的计算技能。为了加深理解，增强实务操作技能，我们在每章后面都编写了习题，使其更能适应珠算教学、岗位培训的需要；同时，精心编写了全国珠算技术等级鉴定不同级别的模拟题，以便学生反复练习。此外，本教材的附录部分还对中国珠算协会的概况、全国珠算等级鉴定标准做了简单的介绍。与同类书籍相比，本书的内容更为新颖、实用，更富有特色且更符合科学规范。本书既可作为中高等职业教育的专业教材，也可供各类职业培训教学之用。

　　为了达到这个目的，我们组成了编写组，由具有多年专业教学改革及职业技能课程教学经验的侯雁老师、长春市市政工程设计研究院（企业）财务处处长、高级会计师汪莉莉任主编，由长春市财会人员培训服务中心学协会部负责珠算等级鉴定与各级珠算比赛的孟立影部长以及郑浣非、张凌羽两位老师任副主编。本书以国家最新的相关政策、法规为依据，参阅国内外最新版本的相关教材，参照相关行业的实际操作要求和方法，深入浅出、通俗易懂地阐述有关理论，详细地讲解有关的操作方法，增强学生的感性认识，培养学生的动手能力，使学生真正成为经济领域的适用人才。

　　本书第一章由汪莉莉修订编写；第二、三、四章由侯雁修订编写；第五章由张凌羽修订编写；"实训篇"中珠算技术等级鉴定模拟题和附录由孟立影、郑浣非修订编写。

　　尽管我们在突出教材特色与促进产学结合方面做了许多努力，但由于作者水平有限，书中难免存在不足之处，恳请专家、读者及相关专业课教师批评指正，督促我们不断进步。

编　者

2021 年 5 月

目 录

技 能 篇

第一章

珠算概述

本章导言

珠算是我国优秀的文化科学遗产，它是我国劳动人民的伟大创造，被誉为中国的第五大发明，至今至少已有两千年的历史。长期以来，珠算对我国社会、经济、文化及科学的发展均发挥了重大作用，同时对世界上一些国家的经济、文化发展也有一定的影响和促进。

第一节　珠算的起源与发展

珠算是以算盘为工具、以数学理论为基础、运用手指拨珠进行运算的一门计算技术，是我国古代劳动人民重要的发明创造之一。千百年来这一技术不断扩展，传播到世界各国，推动着人类文明的发展。

一、珠算的产生与发展

（一）珠算的产生

珠算到底始于何时、由谁发明，至今仍无足够的证据加以证实。根据能够查到的史料记载，可以得出以下结论：

1. 萌于商周

珠算是以珠作为计数元件，用一定方式排列，以表示数字，然后根据"五升十进"制原理进行计算的技术。我国最迟在三千多年前的商代就已经有了完备的十进制记数系统。目前发现的最早的用来计算的圆珠便是西周时期的陶丸。因此珠算的萌芽，可远溯至三千多年前的商周时期。

2. 始于秦汉

"珠算"一词最早出现在东汉徐岳所著的《数术记遗》中，书中一共记载了我国汉代以前的十四种算法及算具，即积算、太一、两仪、三才、五行、八卦、九宫、运筹、了知、成数、把头、龟算、珠算、计算。其记载"珠算"方法的原文为："珠算：控带四时，经纬三才。"这种"珠算"被称为"游珠算板"，它与现在所使用的算盘有所不同，但其计算原理已是"五升十进"制，所以可视为现代算盘的前身。

3.成于唐宋

现今所使用的这种算盘是何时出现的呢？根据现有史料推断，最迟在宋代就已经出现了现在所使用的这种算盘。

小知识1-1

巨鹿算珠。宋徽宗大观二年（公元1108年），河北省巨鹿县故城因黄河泛滥而被湮没。1921年7月，北平国立历史博物馆派人前往巨鹿三明寺故址进行考古发掘，获得王、董二姓故宅地下的木桌、碗箸、盆、石砚、围棋子、算盘珠等200多件器物，其中有算盘珠一颗。此珠为木质，扁圆形，与如今通用的算盘珠大小相仿，只是稍扁，这颗算盘珠现由中国国家博物馆收藏。

小知识1-2

清明上河图。《清明上河图》是北宋大画家张择端的著名作品。这幅画生动地再现了当时汴京城内人民的生活、生产、商业贸易以及集镇、农村的真实面貌。在接近全图的最后部分，也就是画卷的最左端，有一家叫作"赵太丞家"的药铺的柜台上放着一副算盘。《清明上河图》虽出于宋代，但这幅画中所表现的算盘，必然是在这幅画完成相当长的年代以前，早就出现了的东西。因为北宋之前53年是战乱频繁的五代十国，在社会动荡、民不聊生的情况下，还谈什么科学技术的发展呢？由此可以推断《清明上河图》中的算盘在唐末以前便已经出现了。

（二）珠算的发展

从15世纪开始，中国的珠算逐渐传入日本、朝鲜、越南、泰国等地，对这些国家数学的发展产生了重要的影响，之后又由欧洲的一些商业旅行家传播到了西方。现在，世界各国的学术界公认，珠算是中国发明的，中国是珠算的故乡。据史书记载，南宋时期已有珠算歌诀出现。

20世纪80年代以来，日本、韩国、中国大陆及中国台湾地区等的珠心算已经迅猛发展，全世界已有包括美国在内的三十几个国家和地区在开展珠心算教育。我国县级以上行政区绝大多数都有珠算协会，全国有多种专业珠算报刊。现在已成立了"世界珠算心算联合会"，把每年的8月8日定为世界珠算日，各会员单位要在这一天开展形式多样的宣传活动。每年有世界性的珠心算大赛、联谊赛、通信赛及学术研讨会，并有许多民间交流活动。我国许多选手应邀到国外表演和参加比赛，一些珠心算教师应邀到国外讲学，对弘扬中华民族宝贵的历史文化，促进与世界各国的友谊做出了贡献。特别是海峡两岸自20世纪90年代以来密切的珠算心算交流活动，对增进两岸共识、发展两岸关系、实现祖国统一，具有积极意义。

小知识1-3

2013年12月4日，联合国教科文组织保护非物质文化遗产政府间委员会第八次会议在阿塞拜疆巴库通过决议，正式将中国珠算项目列入教科文组织人类非物质文化遗产名录。

1.珠心算的来历

珠心算是通过思维作数的计算而得出结果的活动。其是在大脑中以算珠表象作为载体，运用珠算法则所进行的计算。自从人类开始有了数与数位的概念，并能进行最简单的数的计算时起，就有了心算。为了辅助心算，才有了"近取诸身，远取诸物"的计算工具，石子、树枝等也都是"远"的最原始的计算工具。接着发明了筹算、珠算、笔算、电算等计算工具及相应的算法。

2.学习方法

在珠心算教学过程中，珠算是基础，通过实珠"算盘"的操作，让学习者了解四则计算的变化及方法。随着技巧的熟练，学习者脑中的影像逐渐建立，通过影像的仿真操作（虚盘）即产生心算的功能，所以心算是珠算的高级显现。珠算与心算就如同人之双足，无法择一独行。

通过对珠算的学习，可熟练掌握计算能力及记忆能力。而记忆能力中的表象，便是心算过程中最重要的算珠图像，在计算过程中，算珠图像由静珠不断化成许多动珠运转，在极短的时间内完成。所以珠算技巧越纯熟，心算程度越高超。因此，在学习珠心算的过程中，珠算与心算并行不悖，珠算在先奠定基础，心算在后瞬间表示。珠算在难度渐高时，会进展缓慢，心算却能通畅无碍。当心算的空间逾越珠算的限制，即达到学习者的最高境界。

二、珠算的价值

由于珠算所具有的优越的计算功能、教育功能和启智功能，在世界已进入电子计算机时代的今天，传统算盘作为计算工具仍然具有广泛的适用性，并在经济生活中发挥着越来越大的作用。

（一）珠算的计算功能

珠算作为一门计算技术，有着悠久的历史，是人们在生产和生活中的一种较为重要的计算方式。作为珠算工具的算盘，是一种简单、方便、不需能源的计算工具。据统计，在经济领域的计算总量中，加减法的计算占80%以上，用算盘进行加减法运算，快捷、准确，其效率明显优于电子计算机（器）。

（二）珠算的教育功能

多年的教学实验证明，珠算教学符合学习数学的心理特点，既形象又具体，珠动数出，脑、手、眼并动，易学易懂。珠算的学习过程有严格的程序，要求正确、迅速、高效、规范、准确，这对于培养人的优秀素质是十分有利的。

（三）珠算的启智功能

现代科学研究表明，人的大脑潜力只有5%～15%被利用，其余绝大部分尚未开发。而珠算是眼、脑、手三者并动的一种循环往复的综合运动，这种运动对启发人的智力、促进思维发展具有特殊的作用。

第二节　珠算的基础知识

一、算盘的种类与结构

算盘是珠算的独特计算工具，随着经济的发展和科学技术的进步，算盘也在不断地改进和革新，从而使得算盘的结构简单、运算简捷、携带方便的优点更好地体现出来。

（一）算盘的种类

目前，我国常用的算盘有两种：圆珠大算盘和菱珠小算盘。

1.圆珠大算盘

圆珠大算盘是我国的传统算盘，珠为圆形，有二颗上珠，五颗下珠，体积较大，珠距较长，手指拨动算珠的幅度大，使用时响声大（如图1-1所示）。

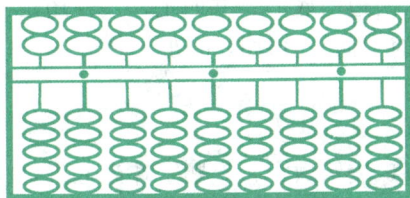

图1-1

2.菱珠小算盘

菱珠小算盘是在圆珠大算盘的基础上改进而来的，有一颗上珠，四颗下珠，与圆珠大算盘相比缩短了档距，减少了算珠，增加了档位，并装有清盘器及垫脚。它克服了圆珠大算盘的缺点，是我国目前使用最广泛的一种算盘（如图1-2所示）。

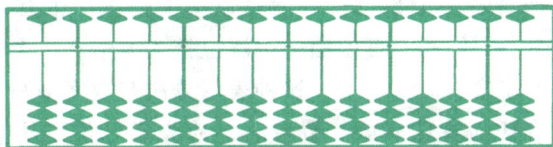

图1-2

小知识1-4

档位：也叫档次，是指档的位次。

（二）算盘的结构

算盘呈长方形，由框、梁、档、珠四个基本部分构成，改进后的算盘又增加了计位点、清盘器和垫脚等装置（如图1-3所示）。

①框：是算盘四周的框架，用以固定算盘的梁、档、珠各部分。

②梁：是连接左右两边的一条横木，将盘面分为上下两部分，用靠梁的算珠表示数。

③档：是连接上下边并穿过横梁的细柱，用以穿连算珠并表示数位。

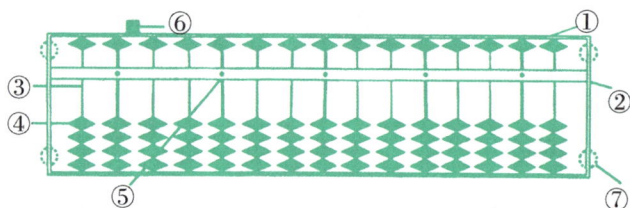

图 1-3

④珠：又称"算珠"，梁上部分叫上珠，一珠当五；梁下部分叫下珠，一珠当一。

⑤计位点：是在梁上做出的计位标记，每隔三档一点，每点在两档之间或档上，主要作用是使计数与看数方便。

⑥清盘器：是连接在横梁下面用以使算珠离开梁的装置。其操作按钮装在算盘上边的左端，主要用于提高清盘的速度与质量。

⑦垫脚：装在算盘左右两边的底面，共四个，其作用是使算盘底面离开桌面，当推（拉）算盘下面的计算资料时，防止算珠被带动。

二、珠算的记数特点

（1）算盘是以靠梁的算珠表示数。每一颗上珠当五，每一颗下珠当一，以空档表示零，以档表示数位，高低位从左至右排列。

小知识1-5

空档：当某一档的上、下珠都离梁的时候，叫作空档。空档表示这一档没有记数，或者表示0。

（2）算盘的每一档表示一个数位。一般是以梁上任意一个有计位点的档作为个位档。从个位档向左依次是十位档、百位档……逐位扩大十倍；从个位档向右依次是十分位档、百分位档……逐位缩小十分之一，这种表示方法与数字书写顺序是一致的。

（3）置数前不能有任何算珠靠梁。置数时，应先定好位，从左至右（由高位到低位）将数字逐档拨珠靠梁。

小知识1-6

置数：也叫布数，按照计算的要求，把数字拨入算盘，为计算做好准备。

置数：906.85（如图1-4所示）。

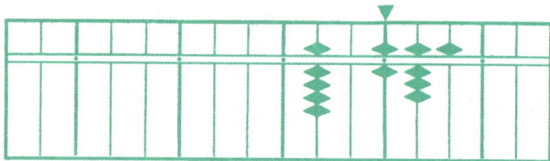

图 1-4

（4）珠算采用"五升十进"制。由于一颗上珠当五，当下珠满五时，就要用本档的一颗上珠代替，称为五升。当本档数满十时向前档进一，称为十进。

小知识1-7

本档：是指正要拨珠记数的这一档。前档：是指本档的前面一档，也叫左档。

三、打算盘的姿势、握笔方法与清盘

（一）打算盘的姿势

打算盘的姿势正确与否，不仅直接关系到珠算的速度和准确度，而且对操作者来说，还关系到身体的健康，因此应重视打算盘的姿势。

打算盘时，身要正，腰要直，脚放平，这样不会产生疲劳感，有利于身体健康；头稍低，计算资料放在算盘下边或算盘左边，尽量缩短算盘和计算资料之间的距离；看计算资料和算盘时不需转头颈，只要转动眼睛，眼睛往上转看算盘，眼睛往下转则看计算资料，这样看数和拨珠间隔的时间短，效果好。

（二）握笔方法

打算盘要学会握笔拨珠，从而节约运算完毕拿起笔写数、写完数再放笔的时间。握笔的方法有以下几种：

（1）将笔横握于右手掌心，用无名指和小指夹住笔杆，笔杆上端伸出虎口，笔尖露出小指外（如图1-5所示）。

（2）将笔横握在右手拇指与无名指之间，无名指钩住笔杆，笔杆的上端伸出虎口，笔尖露于小指与无名指之间（如图1-6所示）。

图1-5

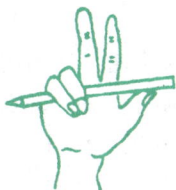

图1-6

（3）将笔横在右手拇指与食指间，笔杆上端伸出虎口，笔尖露在食指与中指之外（如图1-7所示）。

图1-7

（三）清盘

在每次运算之前，要使所有的算珠都离梁靠边，使盘面变为空盘，这个过程叫清盘。清盘的方法因使用的算盘不同而有所不同。没有清盘器的算盘，其清盘方法是，将

拇指和食指合拢（拇指在梁下，食指在梁上），顺着算盘的横梁迅速移动，利用手指对靠近横梁两旁算珠的推弹力，使算珠离梁靠框。使用此法，用力要自然均匀，切勿有意识地使靠近横梁两旁的算珠上下弹开，要一气呵成。目前，大多数算盘设有清盘器，运算前按一下清盘器即可清盘。

四、拨珠指法

利用手指与手指之间既分工又协作的动作来拨动算珠的方法，叫拨珠指法。

珠算是靠手指拨动算珠进行计算的，拨珠方法的准快直接影响到计算的速度与准确程度。拨珠时，指尖要准确地触到要拨的算珠边刃。拨珠不能用力过大，手指插入珠间的深度要恰到好处，以防带珠。拨珠方法有"三指拨珠法"和"两指拨珠法"。三指拨珠法是用拇指、食指、中指拨珠，将无名指和小指向掌心微曲不用。通常圆珠大算盘用三指拨珠法。两指拨珠法是用食指和拇指拨珠，将其他三个手指向掌心微曲不用。两指拨珠法通常适用于菱珠小算盘。两指拨珠法是目前珠算中广泛采用的拨珠法，下面加以详细介绍。

小知识1-8

带珠：拨珠时，把本档或邻档不应拨入或拨出的算珠带入或带出叫带珠。

（一）单指独拨

为了使拨珠迅速而准确，拇指、食指应有一定的分工。拇指专拨下珠靠梁，食指专拨下珠离梁和上珠靠梁、离梁，这种方法称为单指独拨。

（二）两指联拨

两指联拨的各指分工与单指独拨基本相同，但为使拨珠快速，还用拇指兼管部分下珠离梁。这种由拇指和食指同时完成拨珠动作的方法称为两指联拨。其具体指法如下：

（1）双合：用拇指、食指同时合拢上下珠靠梁。如：在某一档上置6、7、8、9时可使用（如图1-8所示）。

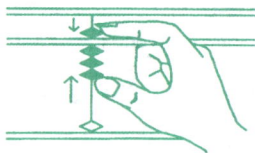

图1-8

（2）双分：用拇指、食指同时分开上下珠离梁。如：在某一档上直接拨去6、7、8、9时可使用（如图1-9所示）。

图1-9

（3）双上：用拇指拨下珠靠梁的同时，用食指拨上珠离梁。如：拨5-2、7-4等时可使用（如图1-10所示）。

图1-10

（4）双下：用食指拨上珠靠梁的同时，用拇指拨下珠离梁。如：拨4+1、3+3等时可使用（如图1-11所示）。

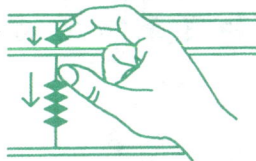

图1-11

（5）扭进：用食指拨后一档下珠离梁的同时，用拇指拨前一档下珠靠梁。如：拨1+9、2+8等时可使用（如图1-12所示）。

图1-12

（6）扭退：用食指拨前一档下珠离梁的同时，用拇指拨后一档下珠靠梁。如：拨10-9等时可使用（如图1-13所示）。

图1-13

（7）前后合：用拇指拨前档下珠靠梁的同时，用食指拨后档上珠靠梁。如：拨15、25等数时可使用（如图1-14所示）。

图1-14

（8）前后上：用食指拨后档上珠离梁的同时，用拇指拨前档下珠靠梁。如：拨5+

25等时可使用（如图1-15所示）。

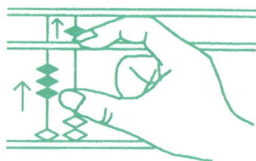

图1-15

（9）连冲：和部分清盘相同。把拇指、食指捏在一起，轻轻夹在梁间，由右至左，向前冲挤，使上下算珠同时离梁。如：拨992+8、9 997+3等时可使用。

第三节　数字的书写和更正错误的方法

一、数字的书写规则

计算离不开数字，珠算运算也必须和数字结合起来。数字的书写是珠算的一个组成部分。因此，数字的书写一定要正确、工整，这样才能使计算工作顺利地进行。

数字的书写有三种情况：

（一）汉字小写数字

数字：〇、一、二、三、四、五、六、七、八、九

数位词：十、百、千、万、亿

特点：笔画较少，便于书写，但易被窜改。因此，多用于无须防止窜改的计划、总结、请示、报告等。

边学边练1-1

读出下列各数，并用汉字小写数字表示。

（1）1 678

（2）63 707

（3）525 050

（4）2 887 589

（二）汉字大写数字

数字：零、壹、贰、叁、肆、伍、陆、柒、捌、玖

数位词：拾、佰、仟、万、亿

特点：笔画较多，不易窜改。多用于收据、借据、支票及各种票据的书写。

书写规则：

（1）书写一定要正规，不可随意简写。

（2）大写金额前应加"人民币"三字。

（3）有关壹拾几的写法：壹拾几的"壹"字，一定要写，不可遗漏。因为"拾"字仅代表数位，并不代表数字。如：15.00元，大写金额为人民币壹拾伍元整，而不能写

成人民币拾伍元整。

（4）小写金额中如有一个或几个连续的"0"，大写金额可只写一个"零"字。如：300.62元，大写金额为人民币叁佰零陆角贰分。

边学边练1-2

汉字大写练习。

零	壹	贰	叁	肆	伍	陆	柒	捌	玖	拾	佰	仟	万	亿

（三）阿拉伯数字

阿拉伯数字又称小写数字。在单据和账表上的写法有一定的格式。其书写规则如下：

（1）书写时，各数字应向右倾斜，大致与底边成60°～70°的角。除7和9外，均应紧靠底线；除6外各数字的高度也应一致，约占全格的二分之一；7和9的尾部可略向下伸，透过底线不多于全格的四分之一（如图1-16所示）。

图1-16

（2）书写6、8、9、0这几个数字，在画圈的地方都应封口，不得开口；书写4的两竖要平行。

（3）用阿拉伯数字记数时，整数部分要符合"三位一节"分节的记法。由个位起，从右向左，每隔三位，用分节号","隔开，如123,456.78；如不用分节号，则每隔三位空四分之一空，如3 456。

（4）小数点"."应明显易认。

（5）字码与字码之间不能连笔。

边学边练1-3

在下列大写金额右边写出阿拉伯数字金额。

（1）人民币伍拾叁万捌仟壹佰陆拾元整＝

（2）人民币柒角捌分＝

（3）人民币柒万零壹元整＝

（4）人民币壹亿元整＝

（5）人民币壹佰陆拾叁万捌仟捌佰伍拾元整＝

二、更正错误的方法

（1）大写数字主要用于填写需要防止窜改的信用凭证。如：收据、借据以及银行的各种结算票据等。不能写错、不能漏写，一旦写错不能更改，需重新填制凭证，否则该凭证无效。

（2）如果记账凭证或账表上的阿拉伯数字写错，应采用画线更正法予以更正。其方法是将错误的数字从头到尾在其中央画一单红线注销，并加盖更正人的图章，以明确责任；然后将正确的数字写在被注销数字的上方（如图1-17所示）。

	亿	千	百	十	万	千	百	十	元	角	分
正确					8	5	8	3	0	1	2
					8	5	3	8	0	1	2
错误							8	3			
					8	5	3	8	0	1	2
错误							8	3	0	1	2
					8	5	3	8	0	1	2

图 1-17

本章小结

本章主要介绍了珠算的产生与发展、珠算的基础知识以及数字的书写与更正错误的方法，其中珠算的记数特点、拨珠指法是学习的重点。珠算有别于其他计算工具，这种记数特点使其具有直观、生动、简洁的特征；珠算的拨珠指法是保证运算速度和准确性的重要技术支持。本章所介绍的重点内容将在后面的学习中反复应用，因此学好本章是学好珠算技术的基础和前提。

珠算小故事

毛泽东巧用算盘谚语

1958年4月19日，毛泽东主席在广州召见卫生部副部长朱链。在谈话中，朱链说："在中医工作方面，过去是定盘珠，现在基本不同了，是算盘珠了。"朱链的话说得很有趣，毛主席好奇了："什么是定盘珠、算盘珠？"朱链说："定盘珠是你拨它也不动，算盘珠是不拨不动，一拨就动。卫生部的工作很繁重，但有些工作显得很被动。"毛主席笑了，他用右手比画着打算盘的样子说："对了，卫生部工作有些被动，他们连除四害也信心不足……算盘珠不拨不动，一拨就动。很好，我们大家都来拨。"

资料来源　佚名. 毛泽东巧用算盘谚语［EB/OL］.（2017-01-09）. http://www.baike.com/wiki/%E4%B8%AD%E5%9B%BD%E7%8F%A0%E7%AE%97%E5%8D%9A%E7%89%A9%E9%A6%86.

技能训练

一、运用两指法进行拨珠练习

（1）
$$\begin{array}{r} 2\ 012\ 121\ 211 \\ +\ \ 6\ 767\ 676\ 767 \\ \hline \end{array}$$

（2）
$$\begin{array}{r} 998\ 888\ 998 \\ -\ \ 766\ 766\ 766 \\ \hline \end{array}$$

（3）
$$\begin{array}{r} 32\ 323\ 232 \\ +\ \ 23\ 232\ 323 \\ \hline \end{array}$$

（4）
$$\begin{array}{r} 3\ 738\ 373\ 877 \\ +\ \ 7\ 878\ 787\ 888 \\ \hline \end{array}$$

（5）
$$\begin{array}{r} 111\ 111\ 110 \\ -\ \ 43\ 434\ 343 \\ \hline \end{array}$$

（6）
$$\begin{array}{r} 56\ 565\ 656 \\ -\ \ 32\ 323\ 232 \\ \hline \end{array}$$

二、读出下列各数，并练习用规范的阿拉伯数字书写

（1）1 575

（2）43 265

（3）989 423

（4）3 456 812

（5）1 234.52

（6）909 343.12

（7）123 456.43

（8）3 146 764.22

三、更正下列各题在书写上的错误

（1）人民币二块叁毛伍

（2）人民币三元六角四

（3）人民币拾伍元陆角柒分

（4）￥56.77元

（5）￥4.56正

趣味练习

数字传递

学生3人一组，由小组第一名成员随机写出一个6位以上的数字；接着由第二名成员完成"看数打数"；然后第三名成员根据盘中数字完成"写数读数"，最后由老师评判整个过程的效率和效果。

第二章

珠算加减法

本章导言

珠算加减法是四则运算的基础,是珠算技术的基本功,在实际工作中应用非常广泛。加减法运算运用"五升十进"制的原理,具有加中有减、减中有加的特点,充分体现了加减互逆关系,算理科学、简捷。

在日常计算工作中,珠算加减法的运用极为广泛。从数学原理来讲,加减法是乘除法的基础,加减法运算的熟练与否将直接影响乘除法运算的水平。因此,熟练地掌握加减法,对计算工作效率的提高起着非常重要的作用。

珠算加减法的运算顺序与笔算相反,从最高位算起,由左及右,由高位到低位。其运算规则为:个位固定,位数对齐,从左到右,同位加减。

小知识2-1

"五升十进"制的理论基础来源于中国文化,珠算算法的核心蕴涵着"五升十进"制。算盘分档穿珠,盘设横梁,数满五时不用五颗下珠表示,而改用一颗上珠表示,称"满五升一";上、下珠数满十时,不用六颗珠表示,而向左进一位记数,称"满十进一"。这种"满五升一""满十进一"的记数方法叫"五升十进"制。

第一节 珠算基本加法

把两个或几个数合并成一个数的运算方法叫作加法。算式中第一个数为"被加数",其余的数为"加数",合并成的数叫"和"。

加法运算用算式表示为:被加数+加数=和。

一、加法的运算方法

加法的运算顺序是:位数对齐,高位算起,同位相加,本档满10向前档进一。其具体做法如下:

(1)选定一个计位点作为个位档,个位档一经选定,在整个运算过程中应保持不变。

（2）将被加数从左至右按数的位次顺序拨在算盘上。

（3）将加数分别对准被加数的位次，从左至右逐位相加。

（4）在运算过程中，本档满10，则在前档拨一颗下珠靠梁为进位。

（5）最后算盘上靠梁的算珠就是求得的和。

二、加法口诀

珠算加法口诀是根据算盘位数、档位和"五升十进"制等特点，结合相加数字的内容，科学地概括、总结出来的。加法口诀见表2-1。

表2-1　　　　　　　　　　　　　　　　加法口诀

本位加法				进位加法			
直接加法		补五加法		直接进十加法		破五进十加法	
口诀	指法	口诀	指法	口诀	指法	口诀	指法
一上1	上推	一下5去4	双下	一去9进1	双分		
二上2	上推	二下5去3	双下	二去8进1	双分		
三上3	上推	三下5去2	双下	三去7进1	双分		
四上4	上推	四下5去1	双下	四去6进1	双分		
五上5	下拨			五去5进1	前后上		
六上6	双合			六去4进1	扭进	六上1去5进1	双上
七上7	双合			七去3进1	扭进	七上2去5进1	双上
八上8	双合			八去2进1	扭进	八上3去5进1	双上
九上9	双合			九去1进1	扭进	九上4去5进1	双上

表中口诀的第一个数字是要加的数，后面的"上""去""下""进"等是拨珠动作。"上"是拨上珠或下珠靠梁；"去"是拨上珠或下珠离梁；"下5"是拨上珠靠梁；"进1"是在前档拨一颗下珠靠梁。

小提示2-1

对初学者来说，在进行珠算加法运算时，只要正确掌握加法口诀，就能很快地计算出所需要的数据。熟练后，可不用口诀直接运算。

加法口诀共26句，按运算形式不同可分为"本位加法"和"进位加法"。

（一）本位加法

本位加法是指两数相加之和小于10，只运用本档的上珠或下珠就可以进行计算的方法。其具体分为"直接加法"和"补五加法"两种情况。

1.直接加法

直接加法是指两数相加时，在本档能够直接加上所要加的数。

例1：532+216=748（运算过程如图2-1、图2-2所示）。

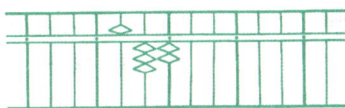

百位 +2
十位 +1
个位 +6

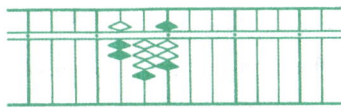

图2-1　　　　　　　　　　　图2-2

边学边练 2-1

（1）765+223=　　　　　（2）272+116=　　　　　（3）628+351=

（4）541+252=　　　　　（5）534+315=　　　　　（6）6 367+2 522=

（7）2 413+6 566=　　　　（8）6 333+2 556=　　　　（9）7 123+1 775=

（10）2 876+7 122=　　　（11）2 567+6 421=　　　（12）1 234+5 565=

2.补五加法

补五加法是指两数相加时，当被加数已占用一部分下珠，再加上5以内（不包括5）的数后，下珠不够用，需要拨上珠靠梁，同时把多加的数在下珠中减掉。

例2：4 424+3 241=7 665（运算过程如图2-3、图2-4所示）。

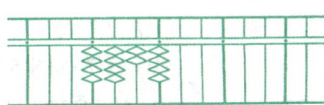

千位 +3=+5-2
百位 +2=+5-3
十位 +4=+5-1
个位 +1=+5-4

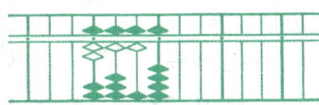

图2-3　　　　　　　　　　　图2-4

边学边练 2-2

（1）243+332=　　　　　（2）422+234=　　　　　（3）348+231=

（4）434+323=　　　　　（5）324+243=　　　　　（6）223.33+324.34=

（7）32.12+43.44=　　　　（8）4 323+2 345=　　　　（9）5 144+4 432=

（二）进位加法

进位加法是指两数相加之和大于或等于10，需要运用本档及前档共同进行运算的方法。其具体分为"直接进十加法"和"破五进十加法"两种情况。

1.直接进十加法

直接进十加法是指两数相加时，和数等于10或大于10，需要向前档进一，同时在本档减去多加的数。

例3：2 456+9 754=12 210（运算过程如图2-5、图2-6所示）。

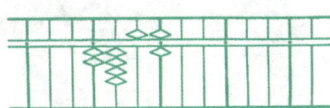

千位 +9=-1+10(进一)
百位 +7=-3+10
十位 +5=-5+10
个位 +4=-6+10

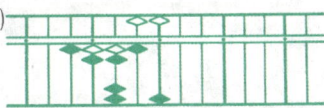

图2-5　　　　　　　　　　　图2-6

边学边练2-3

（1）489+937=　　　　　（2）762+558=　　　　　（3）263+857=

（4）337+784=　　　　　（5）963+757=　　　　　（6）1 234+9 876=

（7）7 248+3 862=　　　　（8）7 867+8 355=　　　　（9）87.94+54.37=

（10）0.4561+0.5439=　　　（11）8.53+1.47=　　　　（12）5 678+5 432=

2.破五进十加法

破五进十加法是指两数相加，本档上的被加数大于或等于5，同时加数也大于5，这样，必须将加数中的5和被加数的5合并为10，进到前一档，并将加数中超过5的数拨在本档上。

例4：6 765+6 789=13 554（运算过程如图2-7、图2-8所示）。

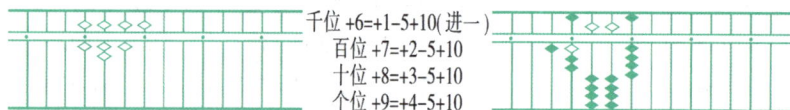

千位 +6=+1-5+10(进一)
百位 +7=+2-5+10
十位 +8=+3-5+10
个位 +9=+4-5+10

图2-7　　　　　　　　　　　　　　图2-8

边学边练2-4

（1）635+898=　　　　　（2）875+678=　　　　　（3）664+879=

（4）564+987=　　　　　（5）553+769=　　　　　（6）5 889+6 462=

（7）4 853+2 785=　　　　（8）5 989+2 567=　　　　（9）5 735+8 548=

（10）3.6467+0.6787=　　　（11）45 678+65 776=　　　（12）51 297+59 859=

边学边练2-5

315	579	428	1 034
608	406	109	967
5 791	924	1 446	423
904	3 015	324	381
1 284	146	3 215	4 296

边学边练 2-6

（一）	（二）	（三）	（四）	（五）
57	35	253	4.67	3.96
45	69	862	6.81	6.07
85	24	597	3.09	1.36
26	31	508	2.46	8.13
78	46	103	7.91	5.08
14	27	426	2.16	3.58
36	85	185	4.28	4.33
95	35	387	8.57	8.69
78	29	608	7.03	7.31
64	47	485	5.66	2.78

（六）	（七）	（八）	（九）	（十）
679	448	364	5.78	7.57
485	945	465	7.04	5.09
127	806	669	5.75	4.68
608	322	254	2.55	2.36
912	689	238	8.06	5.98
137	446	558	4.42	9.75
865	880	496	4.68	1.56
345	468	709	8.06	3.38
296	459	228	2.25	2.43
253	880	558	3.76	8.72

续表

（十一）	（十二）	（十三）	（十四）	（十五）
36	604	604	3.74	7.96
508	169	34	6.09	9.04
472	491	906	1.42	1.45
689	583	375	3.78	3.75
1 912	97	136	4.21	2.85
137	589	735	6.35	8.96
865	327	957	4.07	4.35
2 345	801	51	8.14	7.42
96	49	252	3.37	1.66
741	386	690	6.05	8.53

（十六）	（十七）	（十八）	（十九）	（二十）
679	638	834	447	376
485	934	708	904	859
127	750	447	147	568
608	692	528	873	328
912	477	435	587	127
137	385	269	590	954
865	430	458	368	349
345	456	521	164	693
296	107	138	994	472
253	489	465	326	859

第二节　珠算基本减法

从一个数中去掉另一个数或另几个数的运算方法，叫减法。原来的数叫"被减数"，去掉的数叫"减数"，去掉后剩下的数叫"差"。

减法运算用算式表示为：被减数−减数=差。

一、减法的运算方法

减法的运算顺序是：位数对齐，高位算起，同位相减，本档不够减向前档借一。其具体做法如下：

（1）选定一个计位点作为个位档，个位档一经选定，在整个运算过程中应保持不变。

（2）将被减数从左至右按数的位次顺序拨在算盘上。

（3）将减数分别对准被减数的位次，从左至右逐位相减。

（4）在运算过程中，本档不够减，则在前档拨一颗下珠离梁，以1当10。

（5）最后算盘上靠梁的算珠就是求得的差。

二、减法口诀

小提示 2-2

珠算减法是珠算加法的逆运算，减法口诀、拨珠动作的方向与加法口诀、拨珠动作的方向完全相反。

减法口诀见表2-2。

表2-2　　　　　　　　　　　　减法口诀

本位减法				退位减法			
直接减法		破五减法		直接退十减法		退十补五减法	
口诀	指法	口诀	指法	口诀	指法	口诀	指法
一去1	下拨	一上4去5	双上	一退1还9	双合		
二去2	下拨	二上3去5	双上	二退1还8	双合		
三去3	下拨	三上2去5	双上	三退1还7	双合		
四去4	下拨	四上1去5	双上	四退1还6	双合		
五去5	上挑			五退1还5	前后下		
六去6	双分			六退1还4	扭退	六退1还5去1	双下
七去7	双分			七退1还3	扭退	七退1还5去2	双下
八去8	双分			八退1还2	扭退	八退1还5去3	双下
九去9	双分			九退1还1	扭退	九退1还5去4	双下

表中口诀的第一个数字是要减去的数，后面的"去""上""退""还"等是拨珠动作。"去"是拨上珠或下珠离梁；"上"是拨下珠靠梁；"退"是拨前档下珠离梁；"还"是拨上珠或下珠靠梁。

减法口诀共26句，按运算形式不同分为"本位减法"和"退位减法"。

（一）本位减法

本位减法是指两数相减时，只运用本档上的上珠或下珠就能直接进行运算的方法。其具体分为"直接减法"和"破五减法"两种情况。

1.直接减法

直接减法是指两数相减时，在本档上能够直接减去所要减的数。

例5：748-532=216（运算过程如图2-9、图2-10所示）。

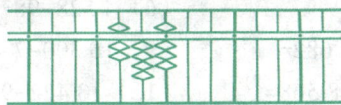

百位 -5
十位 -3
个位 -2

图2-9　　　　　　　　　　　　　　　图2-10

边学边练 2-7

（1）928−826=   （2）789−626=   （3）999−829=

（4）764−552=   （5）687−533=   （6）4 968−3 455=

（7）8 879−7 667=   （8）6 849−5 635=   （9）3 257−2 055=

（10）6 347−1 225=   （11）1 749−1 234=   （12）9 876−8 765=

2.破五减法

破五减法是指两数相减时，当被减数已占用上珠，或者还占用一部分下珠，再减去5以内（不包括5）的数，而本档靠梁下珠不够减，需要拨上珠离梁，同时把多减的数在下珠中加上。

例6：7 665−3 241=4 424（运算过程如图2−11、图2−12所示）。

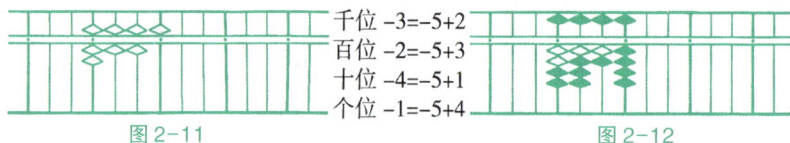

| | 千位 −3=−5+2 | |
| 百位 −2=−5+3 |
| 十位 −4=−5+1 |
| 个位 −1=−5+4 |

图2−11   图2−12

边学边练 2-8

（1）785−443=   （2）656−342=   （3）555−123=

（4）865−442=   （5）567−423=   （6）5 678−1 234=

（7）6 785−3 441=   （8）7 856−4 432=   （9）59.67−15.23=

（二）退位减法

退位减法是指本档被减数小于减数，需要向前档借位，运用本档和前档共同运算的方法。其具体包括"直接退十减法"和"退十补五减法"两种情况。

1.直接退十减法

直接退十减法是指两数相减，本档被减数不够减时，需向前档借1当10来减，同时把剩余的数加在本档上。

例7：1 365−986=379（运算过程如图2−13、图2−14所示）。

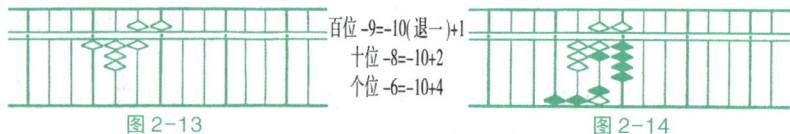

| 百位 −9=−10（退一）+1 |
| 十位 −8=−10+2 |
| 个位 −6=−10+4 |

图2−13   图2−14

边学边练 2-9

（1）321−87=   （2）768−79=   （3）132−48=

（4）123−89=   （5）171−91=   （6）4 528−987=

（7）12 112−9 175=   （8）22 559−5 682=   （9）16 300−7 465=

（10）13 216−5 577=   （11）17 107−8 568=   （12）13 422−9 584=

2.退十补五减法

退十补五减法是指两数相减，本档不够减，向前档借1当10，相减后多减的数与本档被减数相加，满五或大于五，要拨下一颗上珠，同时要把多加的数从下珠中拨去。

例8：13 344-6 789=6 555（运算过程如图2-15、图2-16所示）。

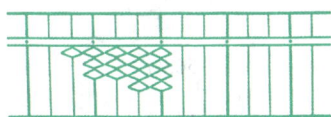

千位 -6=-10(退一)+5-1
百位 -7=-10+5-2
十位 -8=-10+5-3
个位 -9=-10+5-4

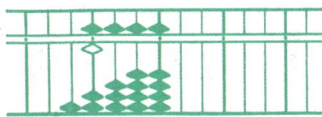

图2-15　　　　　　　　图2-16

边学边练 2-10

（1）1 541-966=　　　（2）1 441-896=　　　（3）1 212-724=

（4）1 322-766=　　　（5）1 433-898=　　　（6）1 253-658=

（7）1 344-783=　　　（8）1 244-369=　　　（9）1 344-687=

（10）1 442-888=　　　（11）1 434-783=　　　（12）1 111-666=

边学边练 2-11

4 326	9 426	3 349	5 426
-191	-334	-214	-478
-1 104	-908	-1 402	-927
-337	-3 261	-957	-1 494

边学边练 2-12

（一）	（二）	（三）	（四）	（五）
97 476	86 334	79 467	83 961	87 978
-487	-743	-594	-504	-2 875
-143	-216	-902	-9 275	-442
-387	-3 098	-1 384	-145	-907
-1 557	-506	-2 984	-369	-4 015
-903	-761	-889	-2 078	-8 453
-7 364	-1 899	-213	-412	-449
-398	-2 643	-903	-4 678	-506
-2 034	-564	-6 921	-683	-3 063
-234	-2 678	-673	-7 091	-321
-6 902	-773	-3 257	-304	-489

续表

（六）	（七）	（八）	（九）	（十）
938.66	699.35	971.35	984.33	788.45
−13.05	−27.09	−28.06	−8.75	−9.16
−32.98	−9.56	−7.95	−56.24	−50.83
−6.32	−1.38	−4.71	−14.02	−7.39
−7.83	−10.97	−5.36	−2.91	−92.07
−5.77	−3.51	−30.89	−24.03	−6.41
−54.21	−4.52	−79.04	−8.95	−1.75
−6.43	−86.03	−1.53	−6.98	−20.58
−9.05	−2.18	−6.47	−60.35	−8.96
−11.75	−9.43	−70.24	−7.15	−44.62
−6.35	−12.07	−8.15	−2.68	−6.08

（十一）	（十二）	（十三）	（十四）	（十五）
88 904	75 967	94 057	86 249	68 732
−534	−6 783	−578	−2 491	−908
−984	−416	−924	−9 107	−619
−1 482	−985	−3 196	−706	−1 075
−349	−1 306	−275	−634	−7 604
−412	−742	−563	−1 908	−432
−3 091	−5 673	−147	−336	−907
−605	−432	−7 835	−285	−6 899
−2 957	−396	−3 098	−743	−217
−551	−507	−841	−4 156	−4 433
−689	−224	−113	−609	−458

（十六）	（十七）	（十八）	（十九）	（二十）
994.65	754.09	927.36	681.35	959.46
-9.87	-1.67	-39.07	-9.86	-1.27
-3.02	-38.05	-8.16	-3.12	-60.94
-76.95	-4.29	-9.75	-67.85	-8.41
-31.87	-7.95	-25.06	-4.28	-9.73
-7.03	-20.18	-4.89	-9.61	-56.04
-4.89	-5.63	-71.05	-35.02	-2.84
-21.86	-7.35	-2.59	-3.79	-6.19
-5.76	-94.81	-8.36	-8.64	-13.08
-7.12	-87.04	-5.62	-71.08	-76.29
-64.79	-6.92	-41.09	-55.82	-3.01

第三节　简捷加减法

简捷加减法是在熟练掌握基本加减法的前提下，根据运算的特点及数字变化的规律适当简化运算过程的方法。

一、穿梭法

珠算加减法的顺序是从左到右，每计算完一行，手指由右向左空返一次，不但浪费时间，影响速度，而且由于两笔数的首尾位相差大，在确定下一笔数的首档时往往容易造成错档。而穿梭法避免了这些缺点，既可以从左向右计算，又能从右向左加减，左右开弓，来回穿梭，既提高了准确性，又提升了速度，是一种非常实用的运算方法。

穿梭法的运算方法是第一行数从左向右运算，第二行数从右向左运算，第三行数再从左向右运算……如此往返穿梭。

例9：
　　　　　123 456 789　→
　　　　　　16 165 098
　　←
　　　　　3 102 492　→
　　　　　52 682 107
　　←
　　　　　326 113
　　　　　195 732 599

例10：
　　　　　32 156 398　→
　　　　　1 334 067
　　←
　　　　　-4 185 835　→
　　　　　-54 614
　　←
　　　　　-731 066　→
　　　　　28 518 950

小提示 2-3

式中箭头表示各笔数的运算顺序，在加减混合运算中，由于计算符号在左边，从右向左运算时容易漏记，应引起注意，以免发生差错。

边学边练 2-13

用穿梭法计算下列各题。

（1） 456 209	（2） 1 097 225	（3） 210 368.14
10 626	216 298	25 096.12
118 396	17 083	2 716.99
35 612	142 558	14 048.25
1 624	3 479 031	22 957.16
124 557	94 746	9 036.58

（4） 99 329	（5） 6 098 356	（6） 567 254.19
2 146	-902 167	21 478.04
-8 031	412 875	-90 241.56
217	-1 315 518	-113 478.21
-14 385	2 291	2 416.85
-682	-11 379	-904.68

二、一目三行法

珠算主要是靠手指拨珠进行计算的，但手指拨珠的速度有限。为了发挥算盘的启智作用，提高计算效率，人们在实践中通过改革传统的计算方式和方法，把珠算和脑算有机地结合起来，运用二者的特点，来简化计算过程，提高计算的准确性。

一目三行法是在多笔数目连加减时，打破逐笔加减的常规，把三行数的同位数通过脑算求和后一次拨珠入盘，减少拨珠次数，提高运算速度。

小知识 2-2

一目三行连加法求和规律：

（1）三数相同，和为该数 3 倍，如：6+6+6=6×3=18；

（2）三个数为等差数列，和为中间数的 3 倍，如：5+7+9=7×3=21；

（3）三数中两个数之和为 10，先凑 10 再加余，如：3+8+7=（3+7）+8=18；

（4）三数无任何规律，则先小后大，如：4+9+3=（4+3）+9=16。

例11：

			8	6	3	5
		3	9	2	8	7
				7	2	3
	3	5	6	0	9	1
			4	1	6	9
		8	0	9	8	2
心算前三行各同位数之和		3				
		1	7			
			1	5		
				1	3	
					1	5
盘上前三行数之和		4	8	6	4	5
心算后三行各同位数之和	3					
	1	3				
		1	0			
			1	0		
				2	3	
					1	2
计算结果	4	8	9	8	8	7

边学边练2-14

用一目三行法计算下列各题。

（一）	（二）	（三）	（四）	（五）
136	3 679	312	431	993
3 508	778	1 675	3 095	205
472	309	921	2 337	6 217
689	1 468	4 938	451	3 491
2 912	152	112	772	712
137	6 008	307	5 106	5 096
468	821	5 219	903	245
6 345	3 084	469	1 045	1 931
296	244	3 201	366	543
2 741	347	445	443	673
724	403	982	698	104
7 901	2 311	291	512	912
310	216	2 996	6 096	2 306
507	351	7 275	343	399
4 437	9 101	565	4 158	4 001

小思考 2-1

一目三行法与穿梭法哪种速度更快？如果将两种方法结合起来，会不会收到事半功倍的效果呢？赶快试一试吧！

三、凑整加减法

在加减运算中，凡加数或减数接近 10 的乘方数的倍数时，就可以先加上或减去这个整数，同时判定出因此而产生的零头差数是多少，最后对这个零头差数进行调整。这种方法实际减少了计算位数及拨珠动作，简化了运算过程，从而取得既准又快的效果。

例 12：478+98=478+100-2=576

例 13：4 137+2 989=4 137+3 000-11=7 126

例 14：3 654-1 980=3 654-2 000+20=1 674

边学边练 2-15

（1）48 595-4 980=

（2）6 831-3 986=

（3）90 334+188=

（4）8 351+1 992=

本章小结

本章主要介绍了珠算加减法的口诀、运算方法以及简捷加减法。珠算加减法是珠算乘除法的基础，加减法运算的速度与准确率直接决定着乘除法的速度与准确率。由于珠算加减法易学难精，所以学习时需要有顽强的毅力，坚持每天练习，形成条件反射，达到熟能生巧。

　　珠算简捷加减法在实务中有许多方法，这里只选取几种最为常用的方法进行简单介绍，更多和较复杂的应用还需要在对珠算基本功较熟练的基础上再深入学习和领悟。

珠算小故事

周恩来指示：不要把算盘丢掉

　　1972年10月14日下午，周总理在人民大会堂西大厅会见了美籍华人物理学家李政道博士及其夫人。在交谈中，周总理向李博士问到美国的计算机情况时，李博士首先回答了有关问话，之后又提到："我们中国的祖先，很早就创造了最好的计算机，就是到现在还在国内通用的算盘。"周总理听了李博士的回答，感慨良久，向在座的中央有关同志说出了珠算界如今奉为经典的名言："要告诉下边，不要把算盘丢掉，猴子吃桃子最危险。"周总理关于"不要把算盘丢掉"的指示，从此成为激励和鼓舞中国珠算界积极开拓和发展珠算事业的巨大动力。

　　资料来源　佚名. 周恩来不把算盘丢掉［EB/OL］.（2017-01-09）. http://www.baike.com/wiki/%E4%B8%AD%E5%9B%BD%E7%8F%A0%E7%AE%97%E5%8D%9A%E7%89%A9%E9%A6%86.

技能训练

　　一、加法练习题

（一）	（二）	（三）	（四）	（五）
8 503	9 079	992	324	369
485	441	1 436	175	5 675
627	195	984	9 003	2 117
1 608	2 899	6 218	1 859	409
312	1 962	112	3 037	334
137	776	5 327	666	3 546
3 865	204	421	358	883
385	3 225	677	2 245	2 075
296	676	3 086	487	416
573	328	332	905	904
2 478	403	894	112	6 118
2 270	4 951	4 549	893	431
456	202	705	6 116	596
941	548	2 213	463	118
5 901	1 291	654	3 064	4 664

（六）	（七）	（八）	（九）	（十）
5 136	6 804	679	374	506
718	946	485	1 685	185
372	106	127	904	2 067
609	4 901	1 608	3 038	951
4 342	314	912	812	372
137	804	137	327	106
1 865	286	865	879	413
345	1 093	3 345	245	1 945
296	703	296	3 296	356
2 441	331	347	408	689
724	509	498	718	402
1 901	4 109	2 270	219	570
310	253	456	406	6 756
567	169	901	2 075	293
937	2 413	5 101	295	4 134

（十一）	（十二）	（十三）	（十四）	（十五）
1 136	2 095	334	536	227
508	143	426	1 489	638
472	856	3 865	115	894
2 689	643	663	109	3 669
912	1 465	1 446	4 683	322
137	5 552	297	596	1 789
3 865	124	906	880	357
345	335	5 078	2 267	704
7 296	809	227	483	2 589
741	3 473	884	689	127
509	902	142	3 075	687
681	491	608	994	521
427	436	2 057	315	478
591	4 004	682	306	4 033
233	608	337	3 278	2 951

续表

（十六）	（十七）	（十八）	（十九）	（二十）
8 636	2 479	3 641	486	8 967
708	492	758	1 067	621
172	1 127	642	9 152	1 874
489	608	985	408	365
1 912	712	1 012	126	517
639	137	354	759	5 941
865	7 578	8 693	2 843	406
745	345	705	163	185
196	796	142	509	3 053
2 741	689	2 082	278	728
724	4 498	753	6 061	892
1 901	279	214	345	270
310	456	4 093	817	382
4 567	1 934	107	602	901
937	3 508	283	3 547	2 101

二、减法练习题

（一）	（二）	（三）	（四）	（五）
45 136	53 679	99 456	96 823	95 728
−508	−485	−4 039	−605	−3 081
−472	−508	−175	−9 147	−164
−689	−1 608	−653	−426	−492
−4 912	−912	−7 903	−3 709	−385
−137	−7 137	−418	−851	−6 207
−1 865	−865	−937	−194	−531
−573	−3 345	−604	−7 028	−8 034
−7 296	−296	−8 562	−635	−972
−2 741	−253	−781	−587	−1 853
−724	−498	−1 695	−2 901	−548
−6 901	−2 279	−214	−834	−307
−648	−456	−3 668	−125	−823
−567	−901	−962	−9 683	−159
−106	−4 101	−385	−407	−7 406

续表

（六）	（七）	（八）	（九）	（十）
973.53	946.72	878.15	862.65	999.76
-4.67	-6.05	-17.66	-1.64	-8.95
-4.71	-13.89	-6.83	-8.79	-10.74
-8.12	-2.56	-3.96	-41.53	-6.28
-29.85	-4.71	-4.15	-2.96	-5.71
-1.64	-89.09	-20.87	-7.48	-40.49
-9.73	-5.23	-68.03	-93.01	-9.62
-80.27	-1.04	-7.51	-1.57	-4.87
-5.41	-96.17	-9.24	-6.42	-15.03
-9.36	-3.45	-5.36	-50.14	-3.94
-67.24	-5.17	-21.79	-8.26	-7.25
-5.18	-89.06	-4.98	-7.93	-81.06
-3.47	-1.72	-8.04	-5.87	-2.63
-8.92	-9.86	-6.51	-23.06	-5.89
-70.56	-4.35	-7.94	-9.64	-10.47

（十一）	（十二）	（十三）	（十四）	（十五）
39 136	82 722	79 301	59 679	66 432
-976	-103	-245	-685	-4 007
-472	-456	-768	-317	-632
-489	-816	-9 713	-3 508	-974
-5 912	-934	-842	-412	-6 712
-737	-258	-105	-807	-331
-805	-1 073	-6 294	-2 865	-609
-4 245	-491	-318	-345	-532
-676	-602	-274	-596	-7 112
-2 701	-7 487	-4 801	-795	-694
-427	-129	-3 267	-475	-361
-951	-384	-957	-2 243	-883
-469	-4 312	-109	-456	-3 099
-1 547	-765	-643	-574	-274
-247	-3 098	-821	-4 191	-742

续表

（十六）	（十七）	（十八）	（十九）	（二十）
698.74	845.96	723.41	894.65	759.88
−35.06	−7.28	−41.08	−1.97	−2.36
−1.94	−5.31	−9.27	−4.23	−70.15
−8.27	−49.02	−3.69	−78.46	−9.53
−50.91	−8.16	−7.48	−5.39	−1.86
−6.43	−5.73	−50.21	−1.72	−67.03
−9.15	−30.29	−1.84	−23.04	−3.96
−46.02	−6.14	−92.05	−46.72	−7.75
−3.58	−18.05	−3.75	−4.81	−6.09
−1.09	−3.14	−8.64	−9.75	−80.46
−86.25	−9.35	−51.92	−20.47	−1.58
−4.73	−6.78	−4.73	−5.92	−24.97
−2.65	−15.96	−6.87	−1.36	−5.96
−34.32	−8.42	−98.64	−82.05	−82.31
−2.71	−7.03	−1.37	−9.47	−5.87

三、加减法综合练习题（每十题限时十分钟）

六级题型（一）

（一）	（二）	（三）	（四）	（五）
1 734	58	648	6 273	48
27	807	1 096	48	992
906	321	27	−707	−65
49	4 678	8 098	58	8 104
5 043	93	414	−463	−38
48	8 098	36	−84	567
568	637	75	5 024	43
74	58	9 502	483	−2 072
3 906	69	78	−76	84
683	413	514	45	−907
37	3 075	67	29	6 544
2 819	48	5 017	−3 806	19
94	6 348	84	623	−508
407	57	309	2 049	3 726

续表

（六）	（七）	（八）	（九）	（十）
418	29	2 907	426	3 065
8 098	804	132	-58	57
95	57	87	8 073	-904
913	6 317	49	25	-29
26	47	9 098	-806	8 041
5 732	306	46	4 098	93
508	4 026	23	85	-124
52	19	754	-96	89
64	287	35	103	-64
8 304	44	6 034	7 044	712
765	1 062	84	39	6 545
96	23	923	-623	28
2 103	765	3 876	49	-5 321
43	5 214	512	-6 125	904

六级题型（二）

（一）	（二）	（三）	（四）	（五）
3 743	6 361	43	58	813
62	854	516	147	-65
509	25	2 907	3 602	761
83	47	43	-728	7 043
1 042	7 536	572	93	-38
95	91	6 071	5 164	5 034
217	209	82	-69	296
38	74	605	74	-94
4 096	2 064	71	-308	3 187
659	203	8 219	2 095	65
28	45	386	98	-309
8 104	8 044	43	-361	-4 205
79	62	97	1 074	71
536	298	5 204	-35	68

续表

（六）	（七）	（八）	（九）	（十）
724	458	4 803	3 613	93
2 609	76	92	−74	415
85	3 089	752	805	8 023
731	78	16	69	74
48	932	6 748	983	−283
9 063	61	85	8 027	46
75	6 014	134	−768	−5 091
19	187	5 091	45	732
285	2 045	906	−5 024	−15
52	32	28	723	3 067
1 607	874	74	−89	−925
423	67	1 309	54	36
61	7 664	193	4 012	−4 104
5 068	52	85	−19	86

五级题型（一）

（一）	（二）	（三）	（四）	（五）
7 053	365	8 205	418	7 814
324	7 018	519	7 693	−295
246	652	281	−643	425
3 081	485	3 076	143	2 067
415	2 706	638	−805	−138
678	198	1 127	4 906	249
6 308	607	847	237	−6 032
489	4 107	342	964	−427
612	435	865	−2 018	638
4 239	921	4 013	196	8 034
842	9 064	428	321	749
502	758	604	452	312
1 786	543	792	8 047	5 098
245	3 906	347	−5 573	−306
961	647	6 209	−924	183

（六）	（七）	（八）	（九）	（十）
426	3 427	637	9 406	824
9 037	485	9 017	291	-507
148	292	386	-8 153	7 803
865	7 064	439	629	-386
3 902	328	786	-407	165
185	547	1 209	3 049	2 039
736	8 608	591	437	941
4 019	931	2 608	-624	548
569	6 057	951	415	-3 065
408	458	409	467	-583
8 317	736	875	6 049	853
914	684	7 364	-763	-8 102
483	209	3 243	594	684
1 608	317	605	5 167	432
947	4 209	179	-981	5 413

五级题型（二）

（一）	（二）	（三）	（四）	（五）
8 612	983	4 207	671	8 014
354	6 409	958	3 858	-567
103	132	361	-259	492
578	964	5 096	164	7 306
4 012	5 072	672	-827	-258
157	819	7 831	9 302	643
3 095	356	236	704	-9 042
761	9 004	145	983	-125
293	223	907	-4 086	376
7 053	771	8 703	756	6 901
612	4 089	624	3 401	563
304	863	901	285	412
9 675	957	368	-569	3 067
218	2 401	3 058	-2 013	-506
453	374	742	204	198

续表

（六）	（七）	（八）	（九）	（十）
524	2 016	638	7 109	713
7 083	784	7 509	−957	456
691	563	924	823	8 905
245	3 056	413	−4 011	−537
5 076	247	856	193	−255
312	896	6 054	705	9 024
469	173	423	9 807	261
9 364	428	964	643	−648
803	4 507	1 275	−324	1 705
167	985	902	4 615	−804
2 437	6 201	734	−679	367
914	509	2 875	257	5 091
608	7 567	9 065	−803	723
4 702	561	632	5 423	−4 403
753	689	436	791	871

四级题型（一）

（一）	（二）	（三）	（四）	（五）
884 759	987	8 723	7 925	60 216
4 351	62 089	60 129	876	945
64 763	814	703 045	−489	−2 153
972	9 012	427	43 061	37 094
7 609	753 095	27 139	516 702	−5 813
586	935	758	7 012	8 437
4 835	6 087	4 045	6 814	756 918
148	52 987	412 578	−783	−691
425 108	4 054	731	−50 158	478
238	435 708	1 456	493	714
58 029	345	635	−3 809	−310 499
917	2 756	9 018	605 312	268
1 789	690	874	529	−9 035
506	3 013	6 531	−4 031	899
9 063	578	209	876	8 093

（六）	（七）	（八）	（九）	（十）
62 145	8 316	427	705 613	730 925
793	126 351	6 051	816	614
4 081	6 098	963	5 321	−1 284
635	749	73 852	−45 075	546
810 724	65 187	146	6 716	8 054
9 321	328	679	239	−6 734
75 089	9 012	396	−40 721	251
528	623	4 327	678	70 645
9 427	854 704	6 784	728	6 943
380 632	197	60 097	5 091	−212 376
176	4 098	345	−127 099	8 099
8 605	70 084	9 523	8 057	912
539	673	513 903	−986	−623
7 018	3 456	4 569	−7 945	6 991
924	256	710 432	981	−11 006

四级题型（二）

（一）	（二）	（三）	（四）	（五）
740 632	1 854	40 136	398	7 563
915	70 693	835	142 376	−942
2 678	861 243	613	607	357 062
584	325	9 065	6 412	82 063
1 745	918	1 867	92 035	6 315
321 605	54 607	654	−267	−45 804
4 065	5 045	409	532	621 095
865	426 809	9 248	−45 031	315
387	239	70 312	7 812	−187
38 052	3 906	359	−562	4 903
5 973	573	423 908	7 093	−89 632
678	7 084	835	472 083	604
34 128	283	7 098	−4 512	−5 218
708	6 961	6 023	509	4 783
6 742	803	148 903	−3 589	609

（六）	（七）	（八）	（九）	（十）
27 391	203	130 275	6 487	126 093
594	4 918	658	945 612	−587
6 082	968	598	−8 523	3 124
345	32 067	7 183	132	−87 609
856 092	756	35 098	809	6 408
1 308	804 902	8 634	−7 456	763
40 163	459	4 713	642	−10 134
927	6 912	931	−45 904	957
7 691	162	40 085	5 016	294
523 041	489	562	−623	430 471
843	75 459	6 988	198	−569
5 034	312 007	1 945	6 023	8 563
176	5 681	608	643	−5 097
2 804	4 723	345	96 341	475
604	7 082	623 054	−460 834	9 123

趣味练习

一、加法练习

1.七盘清

在盘中先拨上123 456 789，再连加七次123 456 789，最后在个位档上再加9，盘中得数为987 654 321。

2.加百子

加百子是从1起，顺序加到100，即加1、加2、加3……加到100，和数为5 050，其中部分得数见表2-3。

表2-3　　　　　　　　　　加百子部分得数表

加到数	10	20	24	36	44	55	66	77	89	95	100
和数	55	210	300	666	990	1 540	2 211	3 003	4 005	4 560	5 050

3.加625

连加16遍625，得数为10 000。

4. 连加 112 211

连加 11 遍 112 211，得数为 1 234 321（形如红领巾）。

5. 连加 6 577

连加 15 遍 6 577，得数为 98 655（形如小手枪）。

6. 连加 987 654 321

连加 99 遍 987 654 321，得数为 97 777 777 779（形如铁索桥）。

二、减法练习

1. 七盘清

在盘中先拨上 987 654 321，再连减七次 123 456 789，最后在个位档上再减 9，盘中得数为 123 456 789。

2. 九九连减

在和数 10 里，连减九次 1，差数是 1。在和数 20 里，连减九次 2，差数是 2……在和数 90 里，连减九次 9，差数是 9。

3. 减百子

减百子是先在盘上拨出 5 050，然后从 1 起，顺序减到 100，即减 1、减 2、减 3……减 100，最后盘中结果为 0。其中部分得数见表 2-4。

表 2-4　　　　　　　　减百子部分得数表

减到数	10	25	35	50	60	70	80	90	100
差数	4 995	4 725	4 420	3 775	3 220	2 565	1 810	955	0

第三章

珠算乘法

本章导言

珠算乘法运算的快慢很大程度上取决于珠算加的熟练程度。由于算盘上不能直观地显示"0"这个数字，所以准确定位是乘法运算准确性的重要前提。在珠算等级鉴定中，乘法运算是最快也是最不容易出错的题型。

求某数若干倍是多少的计算方法叫乘法。实际上乘法即是相同数字多次相加的简便算法，如：52×3=52+52+52。

乘法的运算公式：被乘数×乘数=积。

珠算乘法的种类有很多，其中最常用的有"空盘乘法""留头乘法""破头乘法"等。其按相乘的顺序可分为前乘法和后乘法；按置积的档次可分为隔位乘法和不隔位乘法；按盘上是否置数可分为置数乘法和空盘乘法。以上方法各有所长，既有区别又有联系。空盘乘法是当前基本乘法运算中较快的一种好方法；破头乘法也因拨珠行程短、速度快等优点而被广泛使用；而留头乘法则是"后乘法"的传统算法，从明代起就被广泛使用。为了使大家对珠算乘法有全面的了解和掌握，本章将对各主要算法分别进行介绍。

第一节 乘法定位法

珠算计算因在算盘上没有固定的个位，又是用空档表示零，所以定位是很重要的。例如：325定位不同就表示不同的数，如3.25、325、325 000等。所以用珠算计算必须掌握好定位的方法，正确定出乘积的个位。这里我们主要介绍三种定位法，即公式定位法、固定档位定位法、移档定位法。

一、数的位数

数的位数是根据数的最高位数字来确定的。所谓最高位数字，就是一个数中首先不是0的那一位数字。例如782、7.82、0.782和0.00782等，它们的最高位数字都是7。

根据最高位数字的位置不同来确定数的位数，有下列三种情况：

（一）正位数

当最高位数字在小数点左边，就存在正位数，即小数点前有整数，或只有整数没有小数的数都是正位数。整数部分有几位就是正几位数。例如5或5.64都是（+1）位，36或37.04都是（+2）位。

（二）负位数

当最高位数字在小数点右边，即小数点前没有整数，紧靠小数点后有0的数，是负位数。最高位数字与小数点之间有几个0，就是负几位。例如0.036与0.0306都是（-1）位，0.0046与0.00406都是（-2）位。

（三）零位数

当最高位数字在小数点右边，且最高位数字与小数点之间没有0，就是零位数。例如0.5、0.45和0.507都是零位数。

边学边练3-1

指出下列各数的位数：

123　2 009　0.123　0.00908　56.709　101.89　0.070903

二、公式定位法

公式定位法是指根据被乘数与乘数的位数来定位的方法，如积的位数等于两因数（被乘数、乘数）的位数之和。它适用于算盘、计算机和其他一切计算工具。例如：20×60=1 200，即被乘数二位、乘数二位，两因数位数相加得四位，那么积的位数就是正四位，但乘积的头位数字必须比两个因数的头位数字小（乘积头位1比被乘数头位2和乘数头位6都小）。若是乘积的头位数字比两因数的头位数字大，则积的位数就比两因数的位数和小一位，这时积的位数等于两因数位数之和再减一，例如：20×40=800。在具体计算积的位数时，常以M代表被乘数的位数，以N代表乘数的位数，则：位数=M+N……①式（用于积的头位数字或相应可比的后某一位数字小于两因数的头位数字或相应位数字时）；位数=M+N-1……②式（用于积的头位数字或相应可比的后某一位数字大于两因数的头位数字或相应位数字时）。

小提示3-1

在计算多位数乘法时，由于进位的关系，其积的头位数或头两位数，往往不是原来两因数头位数相乘的积数，所以在比较积与因数的大小时，如果无法比较头位，可依次比较对应的第二位、第三位……例如：14×13=182，头位相同，就比较第二位，积的第二位数8比两因数的第二位3和4都大，则用公式②。又如：980×950=931 000，头位也都相同，就比较第二位，但积的第二位3比两因数的第二位8和5都小，则用公式①。如果头两位都相同，则比较第三位，依次类推。

例1：576×34=19 584。

被乘数是（+3）位，乘数是（+2）位，乘积的头位数字是1，它小于5和3，用公式①定位，即（+3）位+（+2）位=（+5）位，积的位数应是（+5）位。

例2：32×27=864。

被乘数是（+2）位，乘数是（+2）位，乘积的头位数字是8，它大于3和2，用公式②定位，即（+2）位+（+2）位−1=（+3）位，积的位数应是（+3）位。

三、固定档位定位法

固定档位定位法是一种算前定位法。其具体运用方法如下：

（1）选算盘上适当的档位作为固定个位档。

（2）改变被乘数的落盘位数，即被乘数位数和乘数位数相加（M+N），所得位数（在采用隔位乘法时，用M+N−1）作为被乘数的新的位数，以个位为准拨入盘内。

（3）运算完毕，其固定个位档即为积的个位。

例3：2 462×36=88 632（本例采用不隔位乘法）。

①选算盘左起第六档为固定个位档（如图3-1所示）。

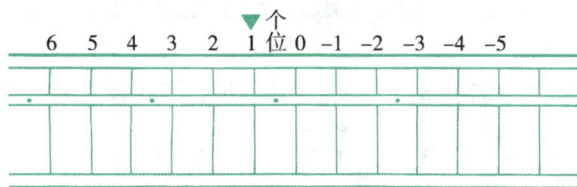

图3-1

②M+N，即（+4）位+（+2）位=（+6）位，将被乘数2 462改变为246 200后按个位档拨入盘内（如图3-2所示）。

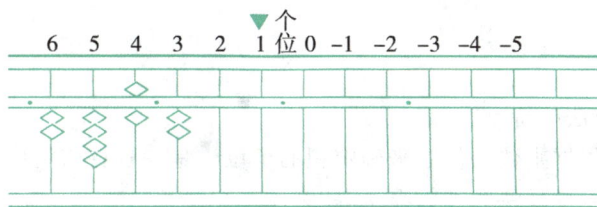

图3-2

③运算结果，盘面数为88 632，原定个位即为积的个位，故数值为88 632（如图3-3所示）。

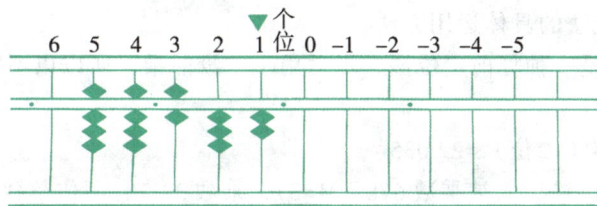

图3-3

例4：37 600×0.0258=970.08。

①选算盘左起第六档为固定个位档（如图3-4所示）。

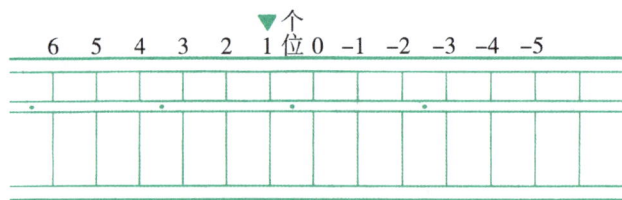

图3-4

②M+N，即（+5）位+（-1）位=（+4）位，将被乘数37 600改为3 760后按个位档拨入盘内（如图3-5所示）。

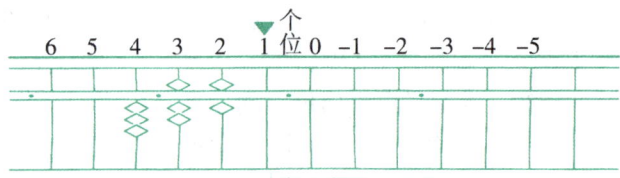

图3-5

③运算完毕，盘面数为97 008，按原定个位为准，则积数是970.08（如图3-6所示）。

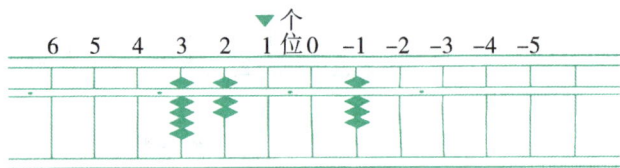

图3-6

四、移档定位法

（一）移档定位法的特点

移档定位法是根据乘数的位数来确定积的个位，是一种算前定位法。它适用于破头乘法、掉尾乘法、剥皮乘法和补数乘法等。

移档定位法的定位法则及特点是：乘数是正几位，则从被乘数的个位起向右移几档，就是积的个位；乘数是零位，则个位不变；若乘数是负几位，就应向反方向（即向左）移几档。这种方法适用于不隔位乘法，可概括为"等档反向，零位不变"。

（二）移档定位法的具体运用方法

因移档定位法是一种算前定位法，不适用于空盘前乘，所以以不隔位破头乘法为例介绍其运算方法。

例5：678×32.5（+2位）=22 035。

①从算盘适当位置拨入被乘数678（M=3），乘数32.5有两位整数，即（+2）位（N=2），被乘数个位档向右移两档即为积的个位（如图3-7所示）。

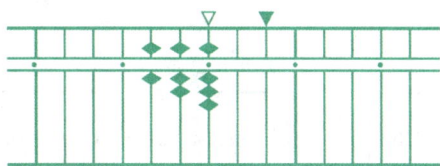

图 3-7

小提示 3-2

在乘法中，"▽"表示被乘数的个位档，"▼"表示积的个位档。

②用不隔位破头乘法运算，得出盘上数字（如图 3-8 所示），根据积的个位档，结果为 22 035。

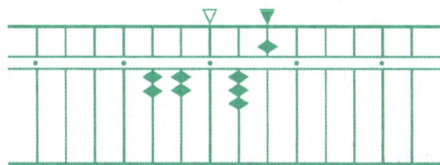

图 3-8

例 6：67.8×0.000325（−3 位）=0.022035。

①从算盘适当位置拨入被乘数 67.8（M=2），乘数 0.000325 是（−3）位（N=−3），被乘数个位档向左移三档即为积的个位（如图 3-9 所示）。

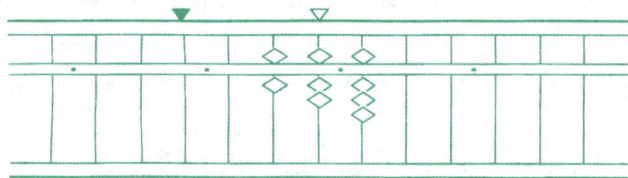

图 3-9

②用不隔位破头乘法运算，得出盘上数字（如图 3-10 所示），根据积的个位档，结果为 0.022035。

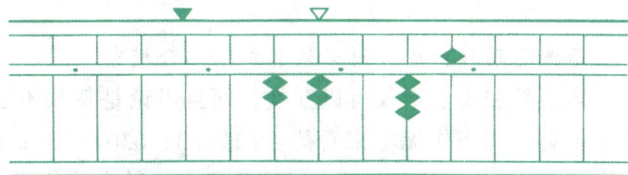

图 3-10

第二节　基本乘法

一、乘法口诀

珠算乘法是在加法的基础上，根据乘法大九九口诀进行运算的。大九九口诀见

表 3-1。

表 3-1   大九九口诀

乘数是 1 的	一一 01	一二 02	一三 03	一四 04	一五 05	一六 06	一七 07	一八 08	一九 09
乘数是 2 的	二一 02	二二 04	二三 06	二四 08	二五 10	二六 12	二七 14	二八 16	二九 18
乘数是 3 的	三一 03	三二 06	三三 09	三四 12	三五 15	三六 18	三七 21	三八 24	三九 27
乘数是 4 的	四一 04	四二 08	四三 12	四四 16	四五 20	四六 24	四七 28	四八 32	四九 36
乘数是 5 的	五一 05	五二 10	五三 15	五四 20	五五 25	五六 30	五七 35	五八 40	五九 45
乘数是 6 的	六一 06	六二 12	六三 18	六四 24	六五 30	六六 36	六七 42	六八 48	六九 54
乘数是 7 的	七一 07	七二 14	七三 21	七四 28	七五 35	七六 42	七七 49	七八 56	七九 63
乘数是 8 的	八一 08	八二 16	八三 24	八四 32	八五 40	八六 48	八七 56	八八 64	八九 72
乘数是 9 的	九一 09	九二 18	九三 27	九四 36	九五 45	九六 54	九七 63	九八 72	九九 81

口诀中每句第一个数字指乘数，第二个数字指被乘数，第三、第四个数字指乘积。大九九口诀是乘法的一套完整口诀，运算中不用颠倒乘数和被乘数的顺序，故不易错档，计算效率高。因此，在乘法运算中常采用此口诀。

小提示 3-3

乘法口诀并不表示拨珠动作，运算时必须和加法结合进行运算。

在乘法运算中，被乘数和乘数不仅可以互换，而且不论是整数还是小数，一律当作整数来运算，整数末尾有零的当作无零来看待。例如 63、630、6.3 和 0.63，虽然位数不同，但计算时都当作 63 来计算，在运算后或运算前确定小数点的位置。

二、破头乘法

破头乘法是将被乘数、乘数分别置于算盘左、右两端，然后从被乘数的末位数码起，同乘数首位至末位依次相乘，乘得的第一位积（首码积）可以将被乘数中实施乘的那个数破去变为积，也可以将首码积放在被乘数乘的那个数后，乘完本轮积后再将实施乘的那个数破去。因此，破头乘法又分为隔位破头乘法和不隔位破头乘法。

（一）隔位破头乘法

此法又称为隔位后乘法、隔位头乘法，当前应用不广。隔位破头乘法的运算方法为：

（1）置数与定位。将被乘数置于算盘左端（一般从左起第一档拨入），默记乘数（或置入算盘右端）。运算完后，运用盘上公式法定位。积的首位如落在左二档上，用公式 M+N 定位；如落在左三档上，用公式 M+N−1 定位。

（2）运算顺序。首先，用乘数的首位至末位依次与被乘数的末位相乘；之后，用乘数按同样的顺序分别去乘被乘数的倒数第二位、第三位……直到乘完为止。

（3）乘积的记法。乘数是第几位，乘积的十位数就放在被乘数本位右边第几档上，其个位数在十位的右一档加上。

隔位破头乘法，在开始时不需要破去被乘数本位，直到全部乘完乘数时，才将其破去成空档，此空档把被乘数与积隔开，界限分明，故称为隔位破头乘法。

例7：26.7×35.8=955.86。

①将被乘数置入算盘左端，默记乘数（如图3-11所示）。

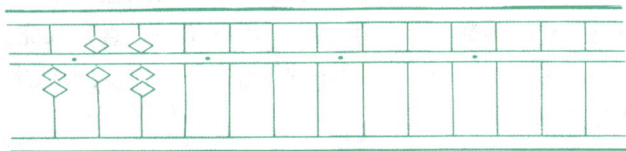

图 3-11

②用乘数358依次与被乘数末位7相乘，从7后的第一档起拨入积数2 506，然后拨去7（如图3-12所示）。

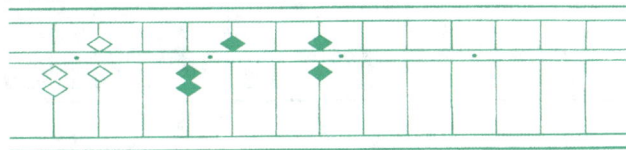

图 3-12

③用乘数358依次与被乘数倒数第二位6相乘，从6后的第一档起拨入积数2 148，其累计积数为23 986，然后拨去6（如图3-13所示）。

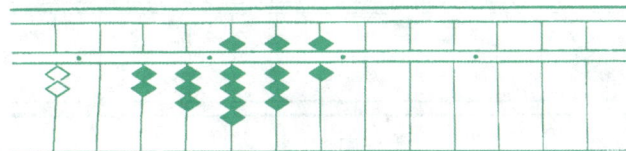

图 3-13

④用乘数358依次与被乘数首位2相乘，从2后的第一档起拨入积数0 716，其累计积数为95 586，然后拨去2（如图3-14所示）。

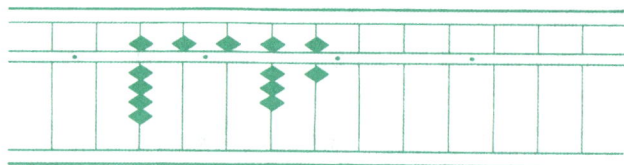

图 3-14

因积的首位落在左三档上，用公式 M+N-1 定位，最后得数为 955.86。

（二）不隔位破头乘法

此法又称为破头乘法。在被乘数与乘数各位数码相乘时，因为一开始就要把与被乘数相乘的那个数码变为首码积的起位，故称为不隔位破头乘法。其具体运算方法为：

（1）置数与定位。将被乘数置于算盘左端（一般从左起第一档拨入），默记乘数（或置入算盘右端）。运算完后，运用盘上公式法定位。积的首位如落在左一档上，用公式 M+N 定位；如落在左二档上，用公式 M+N-1 定位。

（2）运算顺序。首先，用乘数的首位至末位依次与被乘数的末位相乘；之后，用乘数按同样的顺序分别去乘被乘数的倒数第二位、第三位……直到乘完为止。

（3）乘积的记法。乘数是第几位，乘积的个位数就放在被乘数本位右边第几档上，其十位数就在个位的左一档加上。

例 8：4 009×309=1 238 781。

①自算盘左起第一档拨上被乘数 4 009，默记乘数 309（如图 3-15 所示）。

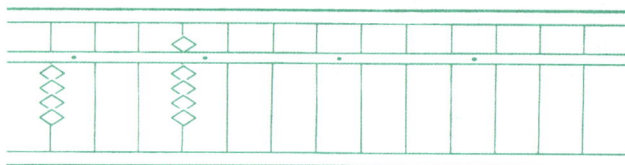

图 3-15

②乘数最高位 3 与被乘数末位 9 相乘，口诀"三九 27"，把被乘数末位 9 改成 2，在右一档上加 7（如图 3-16 所示）。

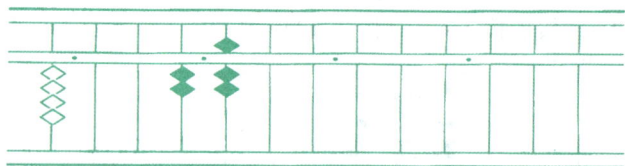

图 3-16

③用乘数末位 9 与被乘数末位 9 相乘，口诀"九九 81"，在被乘数的右二档依次加 81（如图 3-17 所示）。

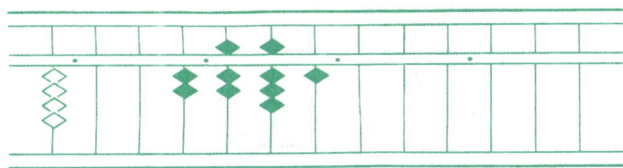

图 3-17

④用乘数首位 3 与被乘数首位 4 相乘，口诀"三四 12"，把被乘数首位 4 改成 1，在其右一档上加 2（如图 3-18 所示）。

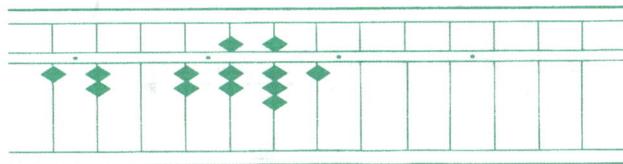

图 3-18

⑤用乘数末位 9 与被乘数首位 4 相乘，口诀"九四 36"，在被乘数首位右二档起加 36，积为 1 238 781（如图 3-19 所示）。

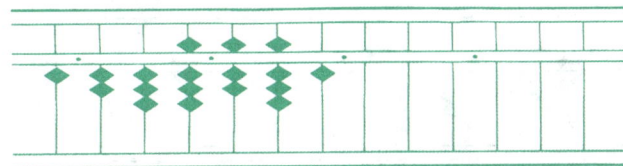

图 3-19

因积的首位落在算盘左一档上，用公式 M+N 定位，最后得数为 1 238 781。

三、留头乘法

留头乘法是后乘法中的一种传统算法，也叫抽身乘、穿心乘。留头乘法的顺序是：

（1）先留着乘数的首位不乘，而从乘数的第二位数字开始与被乘数的末位数字相乘，再顺次用乘数的第三位、第四位与被乘数末位相乘；

（2）再用乘数的首位与被乘数末位数相乘（破去被乘数相乘之数）；

（3）按同样的顺序用乘数各位数字与被乘数倒数第二位、第三位直至最高位数相乘，得出积数。

小提示 3-4

留头乘法的运算方法与不隔位破头乘法相像，只是留着被乘数不必记它，待其全部乘完后再破它。

例 9：68.7×93.5=6 423.45（以公式定位法为例）。

①将被乘数置入算盘左端，默记乘数（如图 3-20 所示）。

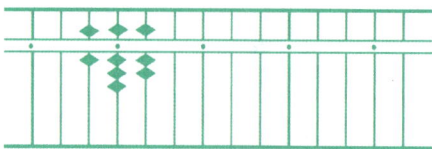

图 3-20

②用乘数第二位 3 先与被乘数末位 7 相乘，在 7 的右一档拨入积数；然后再用乘数第三位 5 与 7 相乘，在 7 的右二档拨入积数；最后用乘数首位 9 与 7 相乘，将 7 改为 6，其右一档加 3（如图 3-21 所示）。

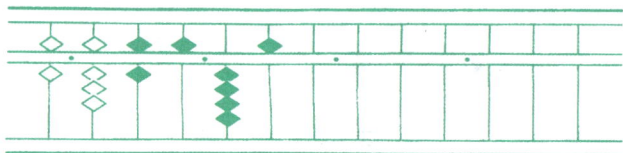

图 3-21

③用乘数 3.5 与被乘数第二位 8 相乘，最后用 9 与 8 相乘，其累计积数为 81 345（如图 3-22 所示）。

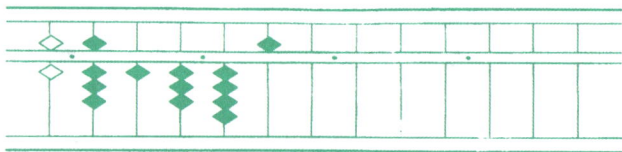

图 3-22

④用乘数 3.5 与被乘数首位 6 相乘，最后用 9 与 6 相乘，其累计积数为 642 345（如图 3-23 所示）。

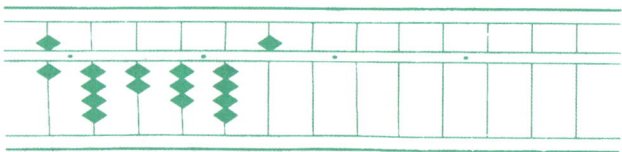

图 3-23

⑤经定位，最后积为 6 423.45。

四、空盘前乘法

空盘前乘法也称空盘头乘法、不置数前乘法，是前乘法中的一种。空盘前乘法是指在进行乘法运算时，被乘数和乘数均不拨在算盘上，使各档空置为零，有空盘的特点；两因数相乘时，均从被乘数、乘数首位起乘，也有前乘的特点，故称为空盘前乘法。由于该法直接将乘积拨入算盘，拨珠次数减少，提高了运算速度，因此它是目前广泛应用的一种方法。

空盘前乘法的运算步骤是根据计算资料，默记乘数，眼看被乘数各位，从左到右，依次相乘，将乘积退位叠加而成。其具体步骤为：

（1）先用乘数的首位数字去乘被乘数的首位数字、次位数字、第三位数字……直至末位数字，边乘边将乘积退位叠加在盘中；

（2）再按照同样的顺序、加积方法用乘数的次高位与被乘数的各位相乘，乘完为止，算盘上的数即为结果；

（3）定位得出乘积。

乘积的拨法：拨加第一轮积数时，乘数是第一位，其积的十位就从算盘左一档起叠加入盘，个位在十位的右一档上；拨加第二轮积数时（用乘数次高位依次与被乘数的各位相乘），乘数是第二位，其积的十位数就从算盘左起第二档起叠加入盘，个位在十位的右一档上；以此类推。

例10：24×75=1 800。

①眼看被乘数24，默记乘数75。

②用乘数首位7去乘被乘数24，口诀"七二14""七四28"，从算盘左边第一档起错位加上乘积14和28，得积数168（如图3-24所示）。

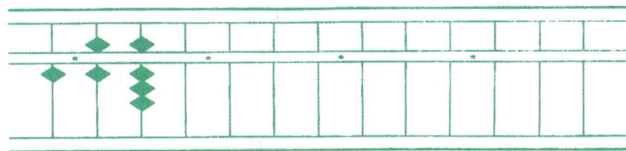

图3-24

③再用乘数末位5去乘被乘数24，口诀"五二10""五四20"，从算盘左边第二档起错位加上乘积10和20，得积数1 800（如图3-25所示）。

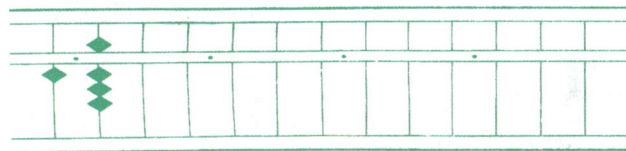

图3-25

④经定位（运用盘上公式法），最后积为1 800。

例11：41×238=9 758。

①眼看被乘数41，默记乘数238。

②先用被乘数的首位4去乘乘数238，口诀"四二08""四三12""四八32"，从算盘左边第一档起错位加上乘积8、12和32，得积数952（如图3-26所示）。

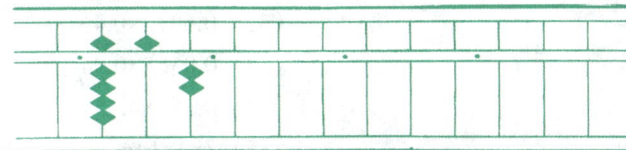

图3-26

③再用被乘数的末位1去乘乘数238，从左二档起加0 238，得出9 758（如图3-27所示）。

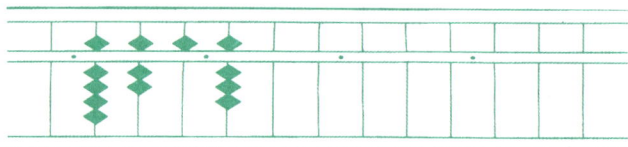

图 3-27

④经定位（运用盘上公式法），最后积为 9 758。

从以上的例题可以看出，"空盘前乘法"是一种常见的、有一定次序的前乘法，在一定条件下能起到速算的作用。

边学边练 3-2

一位数乘法及定位练习。

（1）12.56×30=

（2）426.9×40=

（3）0.467×600=

（4）0.0093×70=

（5）9 467×0.03=

（6）213 573×0.7=

（7）600×56 834=

（8）5.789×0.004=

（9）4.982×6=

（10）34×0.05=

（11）6 135.03×0.4=

（12）2.8252×0.5=

（13）8×79.563=

（14）0.6247×0.6=

（15）9.46783×800=

（16）368 589×0.003=

（17）9.358942×800=

（18）34 678 000×0.7=

（19）235 000×300=

（20）0.000345×7=

边学边练 3-3

多位数乘法练习（精确到0.01）。

（1）34×45=

（2）53×61=

（3）304×98=

（4）0.804×462=

（5）0.705×0.432=

（6）0.456×7.14=

（7）901×4.08=

（8）705×306=

（9）451×26=

（10）797×46=

（11）0.463×3.06=

（12）1 038×47=

（13）826×147=

（26）407×37=

（27）56×209=

（28）61×27=

（29）0.896×0.93=

（30）74×846=

（31）456×789=

（32）0.6074×0.46=

（33）0.0368×0.94=

（34）0.357×4.95=

（35）783×14=

（36）0.575×4.78=

（37）2 046×397=

（38）937×52=

（14）0.392×246=

（15）56×3 057=

（16）2 153×327=

（17）4.0936×6.14=

（18）728×502=

（19）567×748=

（20）0.4801×3.15=

（21）326×286=

（22）5.13×0.3609=

（23）746×51 024=

（24）4.05×7.38=

（25）892×5 419=

（39）0.5104×385=

（40）7 251×72=

（41）0.9604×825=

（42）328×673=

（43）8 615×0.5106=

（44）731×24 018=

（45）204×493=

（46）561×204=

（47）279×173=

（48）0.3089×4.18=

（49）2.68×0.5036=

（50）514×79 205=

第三节　简捷乘法

一、空盘穿梭乘法

空盘穿梭乘法是空盘前乘法与空盘后乘法的结合运算，是往返双向乘算加积入盘的一种简易乘法。由于空盘穿梭乘法双向加积，有效地利用了单向加积的空返时间，而且能避免因找错起乘档而造成的错误，既有利于提高计算速度，又有利于提高准确性，是比较容易掌握的计算方法。

（一）乘算顺序

被乘数的最高位按照由高位至低位的顺序与乘数各位相乘；被乘数的次位数按照由低位至高位的顺序与乘数各位相乘；被乘数的第三位再按照由高位至低位的顺序与乘数各位相乘，如此往返穿梭乘算。

小提示3-5

被乘数的奇位数由左向右进行计算，偶位数由右向左逆算。

（二）加积规律

（1）每次往返加积的起乘档，都是前次乘积的个位档，即前次乘积的个位档，就是下次加积的十位档。

（2）顺乘时，按照"本次加积的个位档，就是下次加积的十位档"的规律加积；逆乘时，按照"本次加积的十位档，就是下次加积的个位档"的加积规律加积。

（三）移档规律

（1）被乘数中间带零时，无论顺乘还是逆乘，中间有几个零，就向右移几档。

（2）乘数中间带零时，如果顺乘，有几个零，就向右移几档，移后的末位档是下次加积的十位档；逆乘时，有几个零，就向左移几档，移后的末位档是下次加积的个位档。

例12：3.86×7 358=28 401.88，运算过程如图3-28所示。

运算说明	置　　数							盘中有效数字						
	1	2	3	4	5	6	7	1	2	3	4	5	6	7
左→右（3×7 358）														
三七21	2	1												
三三09		0	9											
三五15			1	5										
三八24				2	4			2	2	0	7	4		
右→左（8×7 358）														
八八64						6	4							
八五40					4	0								
八三24				2	4									
八七56		5	6					2	7	9	6	0	4	
左→右（6×7 358）														
六七42			4	2										
六三18				1	8									
六五30					3	0								
六八48						4	8	2	8	4	0	1	8	8
定位：1位+4位=5位								2	8	4	0	1	8	8
乘　积	28 401.88													

图 3-28

例13：902×7 604=6 858 808，运算过程如图3-29所示。

运算说明	置　　数							盘中有效数字						
	1	2	3	4	5	6	7	1	2	3	4	5	6	7
左→右（9×7 604）														
九七63	6	3												
九六54		5	4											
九四36				3	6			6	8	4	3	6		
右→左（2×7 604）														
二四08						0	8							
二六12				1	2									
二七14			1	4				6	8	5	8	8	0	8
定位：3位+4位=7位								6	8	5	8	8	0	8
乘　积	6 858 808													

图 3-29

边学边练 3-4

用空盘穿梭乘法计算下列各题（精确到 0.01）。

（1）1 086×293=

（2）0.752×805=

（3）341×504=

（4）452×73=

（5）0.8029×0.68=

（6）57×218=

（7）76×906=

（8）148×28=

（9）85×247=

（10）409×85=

（11）707×52=

（12）0.925×3.97=

（13）4 036×109=

（14）238×304=

（15）47×249=

（16）0.8061×0.47=

（17）38×904=

（18）648×289=

（19）0.652×0.493=

（20）205×406=

二、省乘法

省乘法即省略乘法。在日常工作中，做多位小数乘法时，乘积一般要求精确到一定的位数，根据近似计算原理，作乘法时把不必要的步骤省略，从而提高计算速度。

省乘法的计算方法与步骤为：

（1）定位与置数：根据固定个位档确定头档或置数档。如用置数乘法运算时，还应置上被乘数。

（2）确定压尾档：根据要求的精确度在算盘上找出精确档，再向右多移两档，以保证四舍五入处理积数的准确性，并在其右一档拨入上下全部算珠，作为压尾档。压尾档就是运算的终止档。

（3）运算：乘算时，当部分积落在压尾档上时，要进行四舍五入处理，积落在压尾档以右的部分全部舍弃，不再运算。

（4）确定乘积：运算完毕，按预定的精确度要求，对盘上的乘积进行四舍五入处理，取积的近似值。

例 14：2.568×4.3675=11.22（用空盘前乘法计算，精确到 0.01），运算过程如图 3-30 所示。

运算过程	盘式							
	+2	+1	0	-1	-2	-3	-4	-5
被乘数 2×43 675							压	
二四08	0	8					尾	
二三06		0	6				档	
二六12			1	2				
二七14				1	4			
二五10					1	0		
盘上数值		8	7	3	5	0		
被乘数 5×43 675							压	
五四20		2	0				尾	
五三15			1	5			档	
五六30				3	0			
五七35					3	5		
五五25						2	5（入）	
盘上数值	1	0	9	1	8	8		
被乘数 6×43 675							压	
六四24			2	4			尾	
六三18				1	8		档	
六六36					3	6		
六七42						4	2（舍）	
六五30							3（舍）	
盘上数值	1	1	1	8	0	8		
被乘数 8×43 675							压	
八四32				3	2		尾	
八三24					2	4	档	
八六48						4	8（入）	
盘上数值	1	1	2	1	5	7		
乘 积	11.22							

图 3-30

边学边练 3-5

用省乘法计算下列各题（精确到0.01）。

（1）2.416×4.9769=

（2）0.8238×28.35=

（3）4.71×72.54=

（4）1.4068×0.279=

（5）8.93×6.8408=

（6）20.46×2.153=

（7）23.861×3.068=

（8）0.9034×17.52=

（9）5.1082×90.84=

（10）19.375×3.951=

（11）0.809×13.46=

（12）238×5 874=

（13）71.06×0.3295=

（14）87.39×851.06=

（15）8.573×90.241=

（16）0.4509×74.63=

（17）0.0256×32.27=

（18）47.139×0.456=

（19）825.1×0.4903=

（20）10.67×1.6204=

三、移积法

当被乘数中含有相同数字时，可先求出一个数字与乘数之积，而其他相同数字，不必再与乘数相乘，将已求出来的部分积移置过来，照样拨加在相应档次上，这种方法称为移积法。将移积法结合到空盘前乘法中，可以改变乘算顺序，机动灵活，使运算由难变易。

例15：887×3 164=2 806 468，运算过程如图3-31所示。

运算说明	盘　式						
	+7	+6	+5	+4	+3	+2	+1
8×3 164	2	5	3	1	2		
8×3 164		2	5	3	1	2	
8×3 164			2	5	3	1	2
－（1×3 164）				-3	-1	-6	-4
盘上数值	2	8	0	6	4	6	8
乘　积	2 806 468						

图 3-31

边学边练 3-6

用移积法计算下列各题（精确到0.01）。

(1) 1 038×667＝
(2) 886×147＝
(3) 0.392×445＝
(4) 556×3 057＝
(5) 6 149×122＝
(6) 2 046×998＝
(7) 937×322＝
(8) 0.5104×404＝
(9) 7 251×766＝
(10) 4 333×3 106＝

本章小结

本章主要介绍了珠算乘法的定位方法，详细讲解了在实际工作中运用最为广泛的破头乘法和空盘前乘法。学习珠算乘法的要点是熟练运用大九九口诀，掌握运算技巧及积的定位方法，并将所学计算技能应用于实践中。

珠算小故事

陈云打算盘

1976年11月的一天上午，陈云同志来杭州玉泉公园参观游览，当他走到玉泉鱼池旁的大厅时，看到一位会计正在打算盘算账，他走过去和蔼地要求会计让他来试试。陈云同志坐下来，兴致勃勃地拨动算珠，滴滴答答地打起算盘来，指法娴熟。新华社记者岳湖同志抓住机会，拍摄到一张珍贵的照片。陈云同志笑盈盈地打算盘的照片，不但生动地表明了他对算盘的肯定和珍爱，而且深刻地表明他对发展珠算寄予了殷切的期望。1982年1月，全国政协副主席赵朴初同志见此照片，一时诗兴大发，挥笔作诗一首："唯实是求，珠起还落，加减乘除，反复对比，运筹帷幄，决胜千里，老谋深算，国之所倚。"此诗既是对陈云同志为国理财业绩的赞誉，同时也是对我国珠算工作者的勉励和鼓舞，尤其是"唯实是求"四字警句，更是一切财务工作者的座右铭。

资料来源　佚名. 陈云兴致勃勃打算盘〔EB/OL〕.（2017-01-09）. http://www.baike.com/wiki/%E4%B8%AD%E5%9B%BD%E7%8F%A0%E7%AE%97%E5%8D%9A%E7%89%A9%E9%A6%86.

技能训练

每十题限时五分钟。

六级题型

（1）37×69=	（21）782×92=
（2）21×16=	（22）345×12=
（3）42×23=	（23）44×67=
（4）67×82=	（24）23×81=
（5）301×57=	（25）55×44=
（6）74×91=	（26）93×86=
（7）82×66=	（27）702×27=
（8）76×11=	（28）654×78=
（9）55×66=	（29）43×86=
（10）34×109=	（30）79×34=
（11）12×24=	（31）491×64=
（12）87×65=	（32）66×88=
（13）99×22=	（33）444×75=
（14）38×92=	（34）124×15=
（15）115×88=	（35）73×27=
（16）111×67=	（36）41×82=
（17）69×63=	（37）408×207=
（18）35×204=	（38）52×48=
（19）45×109=	（39）14×58=
（20）101×66=	（40）37×205=

五级题型（精确到0.01）

（1）205×37=	（21）782×603=
（2）35×763=	（22）34×562=
（3）0.804×462=	（23）46×809=
（4）68×905=	（24）71×497=
（5）246×43=	（25）0.896×0.93=

（6）0.705×0.432=

（7）84×361=

（8）125×44=

（9）608×324=

（10）47×2 069=

（11）34×185=

（12）0.456×7.14=

（13）901×4.08=

（14）37×836=

（15）0.5034×0.093=

（16）67×981=

（17）705×306=

（18）451×26=

（19）797×46=

（20）0.463×3.06=

（26）74×846=

（27）17×496=

（28）932×78=

（29）302×869=

（30）0.593×345=

（31）77×8.47=

（32）456×789=

（33）0.6074×0.46=

（34）94×205=

（35）707×82=

（36）435×567=

（37）0.0368×0.94=

（38）0.357×4.95=

（39）783×14=

（40）0.575×4.78=

四级题型（精确到0.01）

（1）9 035×26=

（2）715×854=

（3）0.2801×137=

（4）43×2 046=

（5）5 906×49=

（6）27×5 086=

（7）1 065×65=

（8）2 859×712=

（9）37×2 049=

（10）6.5×0.8016=

（11）649×57.8=

（12）205×9 641=

（13）71×7 023=

（14）1 348×0.15=

（15）693×389=

（16）25×2 504=

（17）7 306×62=

（18）985×1 947=

（19）71×8 035=

（20）60.25×0.63=

（21）9 504×78=

（22）814×36=

（23）0.6023×492=

（24）95×5 042=

（25）8 362×74=

（26）75×4 027=

（27）4 086×37=

（28）5 273×235=

（29）941×6 508=

（30）8.4×0.2094=

（31）973×852=

（32）508×2 974=

（33）24×1 056=

（34）46.72×0.48=

（35）931×623=

（36）57×207=

（37）1 402×85=

（38）3 081×347=

（39）46.27×0.84=

（40）934×309=

趣味练习

1.一条龙

可先在算盘上拨123 456 789作为被乘数，然后分别用18、27、36、45、54、63、72、81去乘，乘积依次是2 222 222 202、3 333 333 303到9 999 999 909。

2.金香炉

555 555×957=531 666 135（盘面形状像插着香的香炉）

3.空香炉

555×957=531 135（盘面形状像空的香炉）

4.狮子滚绣球

以1 953 125为被乘数，分别用512和它的倍数（即1 024、1 536、2 048、2 560、3 072、3 584、4 096、4 608）去乘，乘积的有效数字依次是1、2、3、4、5、6、7、8、9。

5.万众一心

781 250×128=100 000 000

991 299 129 912×125=123 912 391 239 000

310 731 073 107×3=932 193 219 321

6.隔帘相见

72 355 272×125=9 044 409 000

7.二郎担山

444 494 448 125×16=7 111 911 170 000

8.中秋游寺

7 447 219 944 375×16=119 155 519 110 000

9.凤凰左展翅

7 715 625×16=123 450 000

10.凤凰右展翅

33 950 625×16=543 210 000

11.凤凰双展翅

493 817 284×25=12 345 432 100

12.双蝴蝶

102 568 102 568×125=12 821 012 821 000

13.单蝴蝶

102 568×125=12 821 000

14.三星共照

242 424×25=6 060 600

第四章

珠算除法

本章导言

　　除法是求一个数为另一个数的倍数的方法，它是乘法的逆运算。在珠算除法中包含着珠算加、减、乘和各种运算方法与技巧，所以学习珠算除法既是珠算加、减、乘的综合运算，又是珠算四则运算的综合练习，对提高会计人员的基本岗位技能具有重要意义。

　　除法是求同一数连续相减的简便算法，也是乘法的逆运算。

　　除法运算用算式表示为：被除数÷除数=商。

　　相对于乘法计算方法来说，除法计算方法较少，总的分类有基本除法和其他除法两种。基本除法包括商除法和归除法；其他除法是针对一些具体情况所使用的简便算法。商除法是目前普遍推广的一种算法。

第一节　除法定位法

　　除法的定位与乘法的定位的原理和方法基本相同，但定位方向相反。本章主要介绍两种方法，即公式定位法及固定个位档定位法。

一、公式定位法

　　公式定位法适用于各种计算方法，根据被除数的位数与除数的位数用公式来确定商的位数。

　　（1）当被除数小于相同位数的除数时（即不够除），商的位数=被除数位数-除数位数。

　　（2）当被除数大于或等于相同位数的除数时（即够除），商的位数=被除数位数-除数位数+1。

　　以上两条可概括为："位数相减，够除加1"。用 M 表示被除数位数，N 表示除数位数，定位公式为：位数=M-N……①式（用于不够除时）；位数=M-N+1……②式（用于够除时）。

例 1：250÷5=50，被除数首位数字 2 小于除数首位数字 5，用公式①定位，即：3-1=2 位。

例 2：817.5÷65.4=12.5，被除数首位数字 8 大于除数首位数字 6，用公式②定位，即：3-2+1=2 位。

当被除数首位数字与除数首位数字相等时，则依次向下比较，直至比较出大小。

例 3：2 750÷25=110，被除数首位数字与除数首位数字相等，故比较第二位，被除数第二位数字 7 大于除数第二位数字 5，用公式②定位，即：4-2+1=3 位。

例 4：2 150÷25=86，被除数首位数字与除数首位数字相等，故比较第二位，被除数第二位数字 1 小于除数第二位数字 5，用公式①定位，即：4-2=2 位。

二、固定个位档定位法

固定个位档定位法是一种算前定位法，又称"固定点定位法"。它是根据珠算定位方法事先确定商数的个位点的方法。其具体方法如下：

（1）在算盘上先确定一个计位点为固定个位档。

（2）除法在运算前要先将被除数置于盘上，被除数最高位数在算盘上的档次简称为置数档。

置数档的定位公式：M-N（不隔位除法，如归除法）；M-N-1（隔位除法，如商除法）。

例 5：1 296÷24=54（用不隔位除法），被除数是 4 位，除数是 2 位，商的位数为 M-N=4-2=2 位。

例 6：8 320÷26=320（用隔位除法），被除数是 4 位，除数是 2 位，商的位数为 M-N-1=4-2-1=1 位，被除数 8 320 改为 1 位，定位拨入算盘，定出个位档。运算结果为 320。

第二节　基本除法

一、商除法

商除法是我国传统的除法。其计算原理和方法与笔算基本一致，都是用大九九口诀进行求商，按置商档次不同，分为隔位商除法和不隔位商除法，其中隔位商除法是珠算除法中使用较为普遍的一种。其运算程序如下：

（1）确定除算顺序：自算盘左起第三档（中间适宜档位亦可）起拨入被除数，被除数和除数的各自首位或头两位数字相比，如相同，继续同位数相比较，直至比出大小，够除的隔位置商，不够除的挨位置商。

（2）遵循减积规律：估商后，从被除数中减去商与除数的乘积，商与除数第一位数字乘积的十位数字，从商的右面第一档减去，个位数字从商的右面第二档减去，商与除数第二位数字乘积的十位数字从商的右面第二档减去，个位数字从商的右面第三档减去，依此类推，直到末位，即"前次减积的个位档，就是下次减积的十位档"，在拨珠的过程中指不离档，叠位相减，如有余数，要按以上规律进行续除。

小知识4-1

在除法中，要求得每一个商数，需用心算估出被除数是除数的几倍，这种心算过程叫作估商。

（3）定位：既可以采用固定个位档定位法定位，也可以采用公式定位法定位。

例7：94 248÷68＝1 386（采用公式定位法）。

①在算盘上的适宜档置入被除数（如图4-1所示）。

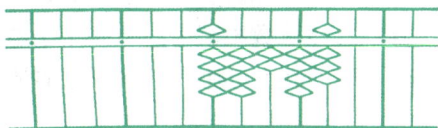

图4-1

②第一轮94÷68，隔位立商1，减积68×1，盘上数值为26 248（如图4-2、图4-3所示）。

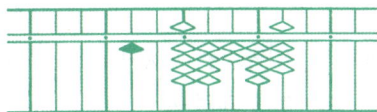

图4-2

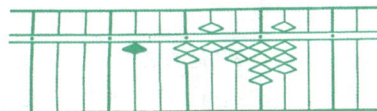

图4-3

③第二轮26÷68，挨位立商3，减积68×3，盘上数值为5 848（如图4-4所示）。

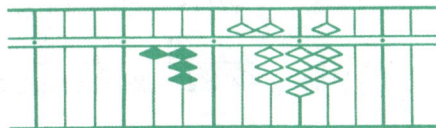

图4-4

④第三轮58÷68，挨位立商8，减积68×8，盘上数值为408（如图4-5所示）。

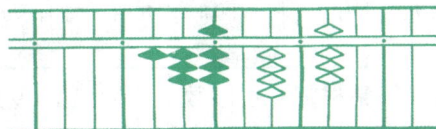

图4-5

⑤第四轮40÷68，挨位立商6，减积68×6（如图4-6所示）。

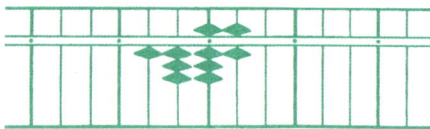

图 4-6

⑥经定位，5-2+1=4位。商为 1 386。

（4）补商：补商是在口诀估商后，将估商数与除数相乘后的乘积从被除数中减去，而发现余数大于除数时，需要进行二次立商的方法。用商除法估商比较困难，特别是在多位除法中，只有在乘数结束时才能确定估商偏小或偏大。在这种情况下，凡遇到商数偏小时，就要"隔档进商一"，隔位减除数倍数，把估商偏小的一倍补上。

（5）退商：退商是在将乘积从被除数中减去时，发现余数不够减而需要从商数中退商的方法，即从初商中减去1，并在余数中加上已被减过的那一部分除数，然后将乘积从被除数中减去。

通过计算不难看出，商除法的难点是心算估商。心算估商时，最好看准。如果看不准则宁小勿大。

二、归除法

归除法是以九归口诀求商的基本除法，来源于筹算。九归口诀见表4-1。

表4-1 九归口诀

一归（用1除）：逢一进1，逢二进2，逢三进3，逢四进4，逢五进5，逢六进6，逢七进7，逢八进8，逢九进9
二归（用2除）：逢二进1，逢四进2，逢六进3，逢八进4，二一改作5
三归（用3除）：三一3余1，三二6余2，逢三进1，逢六进2，逢九进3
四归（用4除）：四一2余2，四二改作5，四三7余2，逢四进1，逢八进2
五归（用5除）：五一改作2，五二改作4，五三改作6，五四改作8，逢五进1
六归（用6除）：六一下加4，六二3余2，六三改作5，六四6余4，六五8余2，逢六进1，逢十二进2
七归（用7除）：七一下加3，七二下加6，七三4余2，七四5余5，七五7余1，七六8余4，逢七进1，逢十四进2
八归（用8除）：八一下加2，八二下加4，八三下加6，八四改作5，八五6余2，八六7余4，八七8余6，逢八进1
九归（用9除）：九一下加1，九二下加2，九三下加3，九四下加4，九五下加5，九六下加6，九七下加7，九八下加8，逢九进1

表中的九归口诀共61句，是根据一位除数分别除以1～9九个数字所应得的商和余数所编成的。凡被除数能被除尽的，口诀用"逢几进几"来表示。例如4÷2=2，运算时将算盘上的被除数用"逢四进2"口诀将4拨去，然后在前档上拨上2，即为求得的商数。又如40÷5=8，运算时将算盘上的被除数用"五四改作8"口诀将4拨去，改作8，即为求得的商数。凡被除数不能被除尽的，口诀用"余"和"下加"来表示。例如60÷

7=8……4，运算时将算盘上的被除数用"七六8余4"，将6改为8，并在右档拨上4，即为商8余4。又如20÷7=2……6，运算时将算盘上的被除数用"七二下加6"口诀在右档拨上6，即为商2余6。未被除尽的余数仍要续除。

例8：128÷4=32

①置数（如图4-7所示）。

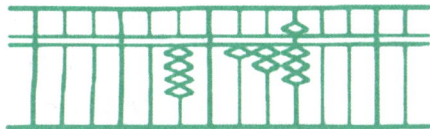

图4-7

②初商，第一位相除1÷4，"四一2余2"（如图4-8所示）。

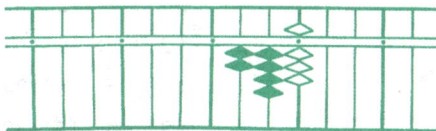

图4-8

③第二位相除4÷4，"逢四进1"，得到二商（如图4-9所示）。

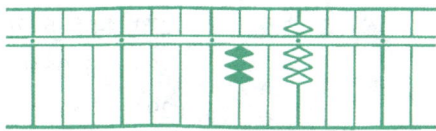

图4-9

④第三位相除8÷4，"逢八进2"，得商32（如图4-10所示）。

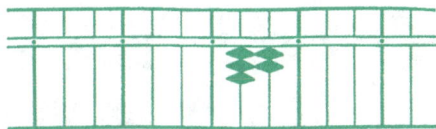

图4-10

边学边练4-1

一位数除法及定位练习。

（1）103 084÷2=

（2）884 496÷0.02=

（3）216 480÷3=

（4）253 716÷3 000=

（5）147 416÷4=

（6）147.416÷0.04=

（7）849 085÷5=

（8）704 280÷0.05=

（11）155 076÷0.3=

（12）48 978÷0.06=

（13）884 356÷0.02=

（14）679 560÷0.8=

（15）35 953.2÷900=

（16）238 813.6÷0.04=

（17）2 106 875÷5=

（18）81 739.98÷7=

（9）101 220÷0.06=

（10）101 304÷6=

（19）2 244 096÷0.3=

（20）1 284 615÷0.05=

边学边练4-2

多位数除法练习（精确到0.01）。

（1）1 334÷46=

（2）3 264÷51=

（3）5 612÷92=

（4）8 004÷87=

（5）2 573÷83=

（6）113.24÷51.2=

（7）5 355÷63=

（8）16 912÷604=

（9）7 254÷93=

（10）39 886÷98=

（11）0.0572÷0.349=

（12）9 222÷106=

（13）57 058÷607=

（14）218 218÷763=

（15）382 487÷541=

（16）4 473÷63=

（17）1 045÷19=

（18）1 250÷25=

（19）1 269÷27=

（20）2 173÷41=

（21）8.4728÷0.44=

（22）38 491÷61=

（23）51 948÷74=

（24）31 434÷39=

（25）3.9566÷0.46=

（26）3.9207÷8.02=

（27）44 536÷76=

（28）0.0805÷0.629=

（29）28 538÷38=

（30）8 239÷107=

第三节　简捷除法

一、省除法

在实际工作中，由于被除数和除数的位数很多，需要经过复杂的拨珠运算，但需要求得的商数的小数位数却不多（一般只保留两至四位）。为了减少运算过程，提高运算速度，可在计算前，截去除数和被除数的部分尾数，简化运算过程。这种截位简化除法，就是省除法。其运算步骤如下：

（1）确定被除数位数。采用公式法：M−N+V+2（其中：M表示被除数的位数；N表示除数的位数；V表示需要的小数位数；2表示为保障所要求的精确度而多取的位数）。

（2）确定压尾档。被除数入盘后，最后一档的下一档即为压尾档。

（3）截取被除数和除数，舍去的第一位数字按四舍五入处理。

（4）从被除数中减去商数与除数相乘后的积数时，凡落在压尾档上的数字均按四舍五入处理。

（5）商数求到要求的位数为止。若压尾档的前两档数大于或等于除数的前两位数字的一半时，商数的末位再加1，反之舍去不计。

例9：32.4130854÷6.92187=4.68（精确到0.01），运算过程如图4-11所示。

运算过程	+1	0	-1	-2	-3	-4	-5
确定被除数的位数：2-1+2+2=5（位）采用固定个位档定位法定位		3	2	4	1	3	压尾档
挨位商4，减4×69 219，四六24	④	2	4				
四九36			3	6			
四二08				0	8		
四一04					0	4	
四九36						3	6（入）
						1	
盘上数值	④		4	7	2	5	
挨位商6，减6×6 921，六六36		⑥	3	6			
六九54				5	4		
六二12					1	2	
六一06						0	6（入）
						1	
盘上数值	④	⑥		5	7	2	
挨位商8，减8×692，八六48			⑧	4	8		
八九72					7	2	
八二16						1	6（入）
						1	
盘上数值	④	⑥	⑧		1	8	
余数18小于除数前两位数的一半，故舍去。商为	4.68						

图4-11

边学边练4-3

用省除法计算下列各题（精确到0.01）。

（1）67.451÷98.37=

（2）28.3824÷7.449=

（3）88.63÷85.423=

（4）22.3486÷4.689=

（5）698.124÷56.38=

（6）0.0123÷0.0456=

（7）652.365÷0.187=

（8）358.91÷589.07=

（9）7.3698÷5.124=

（10）0.1975÷0.274=

二、补数除法

补数除法是以除数的补数代替除数进行运算的方法。其具体是指当除数接近于10的n次幂时，就可以先用被除数除以除数的齐数，然后再加上除数的补数与试商的积数。补数除法的运算步骤如下：

小知识 4-2

若两数之和是 10、100、1 000……10 的 n 次幂（n 是正整数）时，这两个数就互为补数。两数末位相加为 10，其余各对应位相加为 9，两数之和叫作它们的齐数。

（1）定位。用固定个位档定位法确定被除数首位数置数档次。

（2）求补。求除数的补数时，不仅要求得补数结果，而且还要确认出是除数第几位上的补。通常情况下，我们把一个数的首位数称为第一位有效数字，求补时可依此进行。例如：980 补数 20，是第二位数 8 上的补；0.98 的补数为 0.02，也是第二位数字 8 上的补。

小知识 4-3

看补数的方法：某数是几位数，它的补数也是几位数。若补数的有效数字前面有空位，用"0"补齐。

（3）运算顺序。首先用被除数除以除数的齐数拨入算盘；其次用估的商乘以除数的补数，拨入算盘；然后用同样的方法继续求商，直至除尽或求到预定的位数为止；最后，盘中靠梁的算珠为最终运算结果。

例 10：368 480÷98=3 760

①定位：M−N=6−2=4。

②求补：98 补数 2，是第二位 8 的补。

③运算顺序（如图 4-12 所示）。

运算过程	+4	+3	+2	+1	0	−1
被除数置数档次	(3)	6	8	4	8	0
①把被除数首位数 3 当作假定商，去乘以补数 02 得 06，加在第二档			0 6			
②余数首位数 7 被视为商数，去乘以补数 02 得 14，加在第二档上		(7)	4 1	4 4	8	0
③余数首位数 5 被视为商数，去乘以补数 02 得 10，加在第二档上			(5)	8 1	8 0	0
④余数 98 等于除数，进 1 补商减去除数本身			−(1)	9 9	8 8	0 0
除尽得 3 760						0

图 4-12

小提示 4-1

视被除数首位数（含余数）所在档为第一档，补数是第几位上的补，就应该从第几档上加积。

边学边练4-4

用补数除法计算下列各题（精确到0.01）。

（1）12 054÷98=

（2）81 754÷997=

（3）79 460.25÷999.5=

（4）454 176÷996=

（5）450 282÷994=

（6）953.28÷9.93=

（7）73.507448÷0.9982=

（8）61 212 592÷9 989=

小思考4-1

在实际运算中，省除法与补数除法各有优势，你能说出它们各自的适用题型吗？

■ 本章小结

本章主要介绍了珠算除法的定位方法以及基本除法和简捷除法的运算步骤。其中商除法是在实际工作中应用最为广泛的算法，在估商过程中退商与补商的方法是难点，应反复练习，掌握运算技巧。同时，根据运算的特点适当地选用简捷除法也有利于提高运算速度和准确度。

■ 珠算小故事

江泽民关心珠算教育

1992年1月，江泽民同志在江苏省常州市视察刘国钧职教中心时，对该校的珠算教育给予了特别关注。那天，江总书记来到该校第一财会模拟室，当听到该校8901班40名学生珠算技能全部达到普通一级以上水平，并有一名达到能手级时，他笑眯眯地问桂永贵老师："我问你一个问题，大算盘和这种小算盘比，哪一种打得快呢？"桂永贵回答："小算盘快。"江总书记又问学生，学生也回答："小算盘快。"江总书记拿过张乃蓉同学的算盘，弯下腰，一边拨打算盘，一边提问题："我们男同志手指粗，不灵活，打这种小算盘能打得快吗？"男学生朱澄宇站起来回答："我是运算自如的。"江总书记又问："计算加减法是电子计算器快呢，还是算盘快？"张乃蓉回答道："还是算盘快！"江总书记听了脸上露出满意的笑容。

资料来源 佚名. 江泽民关心珠算教育［EB/OL］.（2017-01-09）. http://www.baike.com/wiki/%E4%B8%AD%E5%9B%BD%E7%8F%A0%E7%AE%97%E5%8D%9A%E7%89%A9%E9%A6%86.

■ 技能训练

每十题限时五分钟。

六级题型

（1）4 611÷53=

（2）2 214÷41=

（3）3 075÷41=

（21）1 178÷38=

（22）1 225÷49=

（23）1 067÷97=

（4）1 428÷28=

（5）3 290÷35=

（6）2 001÷29=

（7）5 124÷84=

（8）4 320÷45=

（9）1 806÷86=

（10）1 554÷37=

（11）1 776÷37=

（12）3 996÷54=

（13）4 060÷35=

（14）3 458÷91=

（15）1 978÷86=

（16）2 688÷28=

（17）4 980÷83=

（18）3 105÷69=

（19）1 185÷15=

（20）5 481÷87=

（24）6 016÷94=

（25）567÷27=

（26）1 150÷25=

（27）3 162÷51=

（28）1 680÷24=

（29）2 573÷31=

（30）1 197÷63=

（31）918÷17=

（32）6 450÷75=

（33）4 732÷52=

（34）1 710÷38=

（35）7 007÷77=

（36）1 547÷17=

（37）588÷28=

（38）8 827÷91=

（39）3 219÷37=

（40）594÷54=

五级题型（精确到0.01）

（1）896.84÷61=

（2）3.762÷57=

（3）36 068÷508=

（4）7 728÷92=

（5）2 666÷43=

（6）7.9567÷0.89=

（7）59 904÷78=

（8）27.477÷43=

（9）1 274÷14=

（10）15 371÷809=

（11）4 335÷85=

（12）44 856÷504=

（13）1 305÷15=

（14）8 342÷86=

（15）4.6176÷0.49=

（16）42.363÷81=

（17）41 952÷608=

（18）1 566÷29=

（19）896.45÷94=

（21）7.5188÷0.43=

（22）36.911÷71=

（23）332.067÷509=

（24）1 479÷51=

（25）31 317÷803=

（26）2 088÷36=

（27）489.74÷37=

（28）57 728÷902=

（29）3 174÷69=

（30）629÷17=

（31）58 692÷804=

（32）3.5861÷0.67=

（33）2 375÷25=

（34）5 986÷73=

（35）389.46÷92=

（36）4 012÷59=

（37）12 144÷506=

（38）4 950÷66=

（39）35 441÷61=

（20）4 656÷48=

（40）15 059÷407=

四级题型（精确到0.01）

（1）576 205÷815=

（2）208 896÷384=

（3）243 144÷792=

（4）4.4026÷2.09=

（5）39 825÷75=

（6）0.0572÷0.349=

（7）9 222÷106=

（8）57 058÷607=

（9）218 218÷763=

（10）382 487÷541=

（11）6.7466÷2.64=

（12）21 168÷42=

（13）0.47325÷0.617=

（14）3 725÷25=

（15）83 678÷86=

（16）11 298÷269=

（17）59 928÷908=

（18）336 138÷463=

（19）89 571÷219=

（20）41 662÷74=

（21）31 242÷82=

（22）9 275÷35=

（23）6 148÷106=

（24）427 042÷517=

（25）203 193÷963=

（26）3.9207÷8.02=

（27）44 536÷76=

（28）0.0805÷0.629=

（29）28 538÷38=

（30）8 239÷107=

（31）19 062÷706=

（32）218 981÷763=

（33）323 868÷394=

（34）361 928÷562=

（35）6.7466÷1.53=

（36）19 845÷49=

（37）0.47333÷0.617=

（38）9 725÷25=

（39）58 050÷86=

（40）15 065÷269=

趣味练习

1.用123 456 789先乘9的倍数（即18、27、36、45、54、63、72、81），再除以原乘数（即9的倍数），或用123 456 789先乘任意两位数（如19、28、36、54、76、82、96等），再除以原乘数。反复计算，这样对熟练除法运算极有帮助。

2.狮子滚绣球：将1 953 125乘以12的倍数（如乘4 608等），再用除法还原，即乘完后再除，反复计算，颇有新意。

3.孤雁出群。

（1）998 001÷999=999

（2）99 980 001÷9 999=9 999

4.山上五只虎，地下九三七五。

520 828 125÷9 375=55 555

5.盘中乐，下列各题结果都出现六个6。

（1）567 432×65÷852×154=

（2）235 764×175÷354×572=

（3）375 624×325÷564×308=

（4）467 532×325÷702×308=

（5）625 374×175÷939×572=

（6）448 884×65÷674×154=

（7）555 444×175÷834×572=

（8）455 544×65÷684×154=

（9）545 454×325÷819×308=

（10）445 554×175÷669×572=

第五章

点钞技术

点钞是人们日常生活中不可缺少的一项基本技能，它是眼、脑、手三合一的操作技术，点钞技术的高低、速度的快慢、质量的好坏，都直接影响工作的效率和质量，它是从事金融、财会工作必须熟练掌握的基本功之一。

第一节　钞票

纸币是在市场上流通的纸质货币。它是由国家发行、强制通用的货币符号，是用纸印制的货币符号的通称。它本身没有价值，但可以代替足值的货币在市场上交易流通。纸币在商品交换中起媒介作用。

我国是最早使用纸币的国家，北宋的交子，已具有纸币的特性；金国的交钞和南宋的会子已经是纯粹的纸币；到元代则出现了不兑现的纸币。而在欧洲，直到17世纪末才开始出现纸币。

现代纸币主要有钞票和支票存款两种形式。钞票就是纸币，又称现金；支票存款也称存款货币，是指存在银行可以随时提取的活期存款。所以说，纸币和钞票不是同义语。我们习惯（不管是美元、人民币还是英镑或是法郎）用一个词来称呼纸币：钞票。可为什么要把它们称为钞票呢？

一、钞票的由来

在中国历史中，银两和铜钱一直是主要的货币单位。但人们发现在进行大宗商品交换活动时，要携带大量金属货币，非常不方便，于是便出现了由当铺、票号和商店等发放的取银凭证（银票）和由官府发放的取钱凭证（宝钞）。银票与宝钞的大范围流通发生在清朝晚期。在当时的市场流通中，用小额货币时使用宝钞，用大额货币时就使用银票，老百姓出行购物需带两种纸币。为了便于称呼，就把两种纸币合称为"钞票"了。

二、人民币常识

人民币是中华人民共和国的法定货币。其正式的 ISO 4217 简称为 CNY（China Yuan），不过国际上更常用的缩写是 RMB（Ren Min Bi）。《中华人民共和国中国人民银行法》第三章第十六条及第十七条规定：中华人民共和国的法定货币是人民币。人民币的单位为元，人民币辅币单位为角、分（分已经退出了法定货币行列）。主辅币换算关系：1元等于10角。人民币没有规定法定含金量，它执行价值尺度、流通手段、支付手段等职能。

人民币按照材料的自然属性划分，有金属币（亦称硬币）和纸币（亦称钞票）两种。无论是纸币还是硬币均等价流通。

中国人民银行是国家管理人民币的主管机关，负责人民币的设计、印制和发行。中国人民银行自1948年12月1日成立以来，至今已发行了五套人民币，形成了包括纸币与金属币、普通纪念币与贵金属纪念币等多品种、多系列的货币体系。

（一）人民币发行程序与原则

1.人民币发行程序

人民银行的货币发行主要通过普通银行的现金收付业务来实现。商业银行必须在人民银行开立存款户。人民银行在营业时间内，为商业银行办理现金存取业务。

商业银行向人民银行存取现金，以开户商业银行为单位办理；开户商业银行下属基层处（所）的现金，由开户商业银行调剂后统一向人民银行存取。

当商业银行基层处（所）现金不足时，商业银行应填写现金支票，到当地人民银行在其存款账户余额内提取现金，人民币从而由人民银行发行库转移到商业银行基层处（所）的业务库，意味着这部分人民币进入流通领域。当商业银行基层处（所）的现金超过其业务库存限额时，商业银行应填制现金交款单，将超过的部分送交人民银行，进入发行库，意味着这部分人民币退出流通领域。

2.人民币发行原则

《中华人民共和国中国人民银行法》第十八条规定："人民币由中国人民银行统一印制、发行。"第二十条规定："任何单位和个人不得印制、发售代币票券，以代替人民币在市场上流通。"

我国人民币发行的原则主要有三条：坚持经济发行，坚持计划发行，坚持集中统一。

（1）坚持经济发行，就是根据国民经济发展情况，按照商品流通的实际需要，通过银行信贷的渠道来发行，这是人民币发行的最基本原则。与经济发行原则相对应的是财政发行，即根据财政收支情况发行货币。财政发行虽然能起到弥补财政赤字的作用，但它破坏了币值稳定，是一种非理智的发行方法。所以，必须坚持经济发行原则。

（2）坚持计划发行，就是货币的发行必须纳入整个国家的计划体系之中，按计划办理，以保证币值和物价的稳定。具体由中国人民银行总行提出货币发行计划，报国务院批准后实施。

（3）坚持集中统一，意味着中国人民银行是我国唯一的货币发行机构，集中管理货币发行基金。无论是纸币还是硬币，无论是主币还是辅币，均集中统一由中国人民银行发行，中国人民银行具有垄断的货币发行权。除此之外，财政部、其他金融机构以及任何单位和个人均无权发行货币与代用货币。

（二）人民币流通领域

1.香港特别行政区和澳门特别行政区

香港和澳门分别有按其基本法自行决定发行的港币和澳门元。但是现在港澳地区有些商家接受使用人民币交易，而一些香港的银行亦开设人民币账户，容许市民进行人民币现钞的存入、提取或转账。2003年12月24日，中国人民银行委任中国银行（香港）有限公司为香港人民币业务的清算行。

2.台湾地区

中国台湾地区的法定货币为新台币，所有的买卖交易皆以新台币进行。所以，在台湾地区，一般商家不接受使用人民币交易。台湾地区的有关规定亦仅认为人民币是"有价证券"，不具有通货身份。台湾地区的银行一般均不接受人民币的兑换，但马祖和金门的金融机构、码头及航站分别从2005年10月3日和10月4日起开办兑换人民币的业务，每次上限为人民币两万元。2008年7月4日起，随着中国大陆和中国台湾的"周末包机"等"三通"措施的实现，人民币可以在中国台湾本岛的金融机构、码头及航站自由兑换，但有一定的限额。

3.其他地区

人民币在朝鲜的外汇商店可以自由使用；人民币在越南少数地区（主要是北部边境）可以使用；人民币在新加坡部分商店可以使用。

（三）第五套人民币

第五套人民币于1999年10月1日起发行，至2002年年底，100元、50元、20元、10元、5元的纸币和1角、5角、1元的硬币已经陆续问世。第二、三、四套人民币的彩稿设计，是由中央美术学院和中央工艺美术学院的罗工柳、侯一民、周令钊等专家完成的。第五套人民币的彩稿设计工作则全部是由印钞造币企业的专业设计人员承担的，这标志着中国印钞造币总公司完全能够独立完成人民币从设计到生产全过程的所有工作，正在跻身国际印钞造币公司的先进行列。

1.主题思想

第五套人民币正面主景图案采用毛泽东头像，并以中国传统纹样（古代陶器、漆器、青铜器等）和花卉装饰图案相衬托，背面主景图案为人民大会堂、布达拉宫、桂林山水、三峡风光等山川美景和雄伟建筑，象征祖国和中华民族欣欣向荣，蓬勃发展。

2.设计特点

第五套人民币将国际先进的计算机辅助钞票设计与中国传统手工绘制工艺相结合，突破了传统设计中以花边、花球为框的设计形式，整个票面呈完全开放式结构，增加了防伪设计空间，突出了"大头像、大水印、大面额字"，便于公众识别。票面简洁、线纹清晰、色彩明快，不同券别主色调冷暖相间，既保留了中国传统钞票的设计风格和特点，又具有鲜明的时代特征。

3.防伪特征

第五套人民币采用了固定花卉水印、红蓝彩色纤维、全息磁性开窗安全线、磁性缩微文字安全线、白水印、隐性面额数字、光变油墨、阴阳互补对印图案、横竖双色号码印刷等众多新的防伪技术，并将防伪技术充分地应用在钞票的机读功能中，使第五套人民币的防伪技术达到国际先进水平。

小知识 5-1 2015年版100元券的防伪特征

1999年10月，根据中华人民共和国国务院令第268号，中国人民银行发行了第五套人民币。2005年8月，为提升防伪技术和印制质量，中国人民银行发行了2005年版第五套人民币部分纸硬币。2015年11月，中国人民银行发行了新版100元纸币（防伪特征如图5-1至图5-7所示），其防伪能力和印制质量明显提升，受到社会广泛好评。迄今为止，50元、20元、10元、1元纸币和1元、5角、1角硬币已发行流通十多年。在此期间，现金流通情况发生巨大变化，现金自动处理设备快速发展，假币伪造形式多样化，货币防伪技术更新换代加快，这些都对人民币的设计水平、防伪技术和印制质量提出了更高要求。为适应人民币流通使用的发展变化，更好地维护人民币的信誉和持有人的利益，提升人民币整体防伪能力，保持第五套人民币系列化，中国人民银行决定发行2019年版第五套人民币50元、20元、10元、1元纸币和1元、5角、1角硬币，在保持现行第五套人民币主图案等相关要素不变的前提下，对票（币）面效果、防伪特征及其布局等进行了调整，采用先进的防伪技术，提高防伪能力和印制质量，使公众和自助设备易于识别。

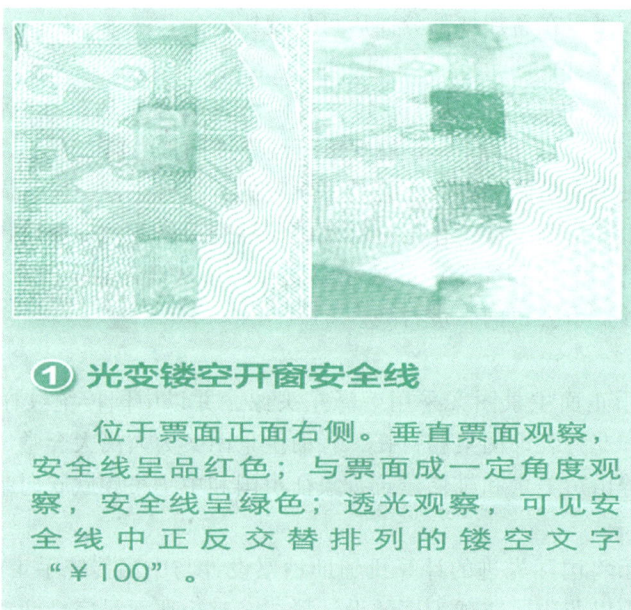

① 光变镂空开窗安全线

位于票面正面右侧。垂直票面观察，安全线呈品红色；与票面成一定角度观察，安全线呈绿色；透光观察，可见安全线中正反交替排列的镂空文字"￥100"。

图5-1 防伪特征一

②　光彩光变数字

位于票面正面中部。垂直票面观察，数字以金色为主；平视观察，数字以绿色为主。随着观察角度的改变，数字颜色在金色和绿色之间交替变化，并可见到一条亮光带上下滚动。

图5-2　防伪特征二

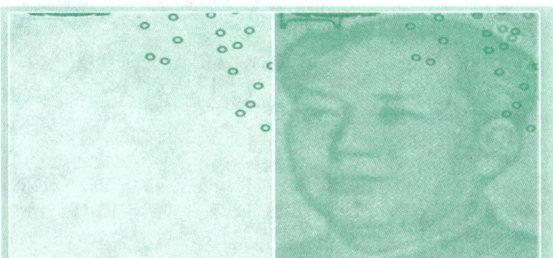

③　人像水印

位于票面正面左侧空白处。透光观察，可见毛泽东头像。

图5-3　防伪特征三

④　胶印对印图案

票面正面左下方和背面右下方均有面额数字"100"的局部图案。透光观察，正背面图案组成一个完整的面额数字"100"。

图5-4　防伪特征四

⑤ 横竖双号码

　　票面正面左下方采用横号码，其冠字和前两位数字为暗红色，后六位数字为黑色；右侧竖号码为蓝色。

图5-5　防伪特征五

⑥ 白水印

　　位于票面正面横号码下方。透光观察，可以看到透光性很强的水印面额数字"100"。

图5-6　防伪特征六

⑦ 雕刻凹印

　　票面正面毛泽东头像、国徽、"中国人民银行"行名、右上角面额数字、盲文及背面人民大会堂等均采用雕刻凹印印刷，用手指触摸有明显的凹凸感。

图5-7　防伪特征七

（四）人民币鉴别与防伪知识

假人民币是指仿照真人民币纸张、图案、水印、安全线等原样，利用各种技术手段非法制作的伪币。假币按照其制作方法和手段，大体可分为两种类型，即伪造币和变造币。伪造币是依照人民币真钞的用纸、图案、水印、安全线等的原样，运用各种材料、器具、设备、技术手段模仿制造的假币。伪造币由于其伪造的手段不同，又可分为手工的、机制的、拓印的、复印的等类别。变造币是利用各种形式、技术、方法等，对人民币真钞进行加工处理，改变其原有形态，并使其升值的人民币假钞。变造币按其加工方法的不同，又可分为涂改的、挖补剪贴的、剥离揭页的等类别。

真伪人民币以印刷理论为依据进行比较检验，常用的方法是：眼看、手摸、耳听、笔拓、仪器测、尺量。通过这些方法检验后再综合分析判断，真伪人民币即可现出本来面目。

（1）眼看

一看钞票的水印是否清晰、有无层次和浮雕效果，是否在纸内形成；二看有无安全线，是否在纸内形成；三看多色接线图纹的颜色相接处是否过渡平稳，有无搭接的痕迹，套印对印是否准确；四看冠字号码排列距离是否适中，背面有无压痕；五看凹印部位图案是否均由点、线构成；六看票面底纹是否由清晰的连续线条组成，假币花纹和线条是由模糊的、不连续的网点构成。

（2）手摸

用手摸票面上的凹印部位，如盲文点、国徽、主景图案、花边等处有无凹凸的感觉。用手摸纸张的厚薄度、坚韧度、光滑度等。

（3）耳听

钞票纸张是特殊的纸张，质韧，挺括耐折。用手抖动或手弹纸张，真钞纸张声音清脆，假钞纸张声音沉闷。

（4）笔拓

将薄页纸敷在钞票水印位置，用软芯铅笔轻拓，真币会在薄纸上拓出清晰的水印轮廓图，而假币则拓不出水印。

（5）仪器测

用放大镜或显微镜仔细观察钞票票面图纹的色彩过渡、衔接是否准确、平滑，凹印部位有无凸起印痕。用紫外灯检测荧光图文；用磁性检验仪检测磁性印记。用多功能检测仪器对票面水印、荧光、磁性、凹印凸起等特征进行检测。

（6）尺量

第五套（2015年版）人民币100元纸币，主色调为红色，票幅长155mm、宽77mm；20元纸币，主色调为棕色，票幅长145mm、宽70mm。

在进行真伪纸币的识别过程中，最简单的方法是比较检验，比较是否是同一版号的；比较印刷版型；比较印刷方法；比较版面图文等。借助的仪器有放大镜、显微镜、紫外灯、文检仪、验钞机等；对于高仿真的假币还可以进行纸张成分、油墨成分、颜色显色反应、薄层色谱分析等综合分析。

（五）假人民币的处理

根据《中华人民共和国人民币管理条例》（简称《人民币管理条例》）的规定：

（1）单位和个人持有伪造、变造的人民币的，应当及时上交中国人民银行、公安机关或者办理人民币存取款业务的金融机构；发现他人持有伪造、变造的人民币的，应当立即向公安机关报告。

（2）中国人民银行、公安机关发现伪造、变造的人民币，应当予以没收，加盖"假币"字样的戳记，并登记造册；持有人对公安机关没收的人民币的真伪有异议的，可以向中国人民银行申请鉴定。公安机关应将没收的伪造、变造的人民币解缴当地中国人民银行。

（3）办理人民币存取款业务的金融机构发现伪造、变造的人民币，数量较多、有新版的伪造人民币或者有其他制造贩卖伪造、变造的人民币线索的，应当立即报告公安机关；数量较少的，由该金融机构两名以上工作人员当面予以收缴，加盖"假币"字样的戳记，登记造册，向持有人出具中国人民银行统一印制的收缴凭证，并告知持有人可以向中国人民银行或者向中国人民银行授权的国有独资商业银行的业务机构申请鉴定。对伪造、变造的人民币收缴及鉴定的具体办法，由中国人民银行制定。办理人民币存取款业务的金融机构应当将收缴的伪造、变造的人民币解缴当地中国人民银行。

有权没收伪造、变造的人民币的机构包括中国人民银行、公安机关、办理人民币存取款业务的金融机构。其他机构和人员发现他人持有伪造、变造的人民币的，无权没收，但应当立即向公安机关报告。

另外，根据《人民币管理条例》的规定：中国人民银行和中国人民银行授权的国有独资商业银行的业务机构应当无偿提供鉴定人民币真伪的服务。对盖有"假币"字样戳记的人民币，经鉴定为真币的，由中国人民银行或者中国人民银行授权的国有独资商业银行的业务机构按照面额予以兑换；经鉴定为假币的，由中国人民银行或者中国人民银行授权的国有独资商业银行的业务机构予以没收。中国人民银行授权的国有独资商业银行的业务机构应当将没收的伪造、变造的人民币解缴当地中国人民银行。

第二节　手工点钞方法

一、手工点钞的基本程序

（1）拆把：把待点的成把钞票的封条拆掉。
（2）点数：手点钞，脑记数，点准一百张。
（3）扎把：把点准的一百张钞票墩齐，用腰条扎紧。
（4）盖章：在扎好的钞票的腰条上加盖经办人名章，以明确责任。

二、手工点钞的基本要求

在人民币的收付和整点中，要对混乱不齐、折损不一的钞票进行整理，使之整齐美观。整理的具体要求是：

平铺整齐，边角无折；同券一起，不能混淆；

券面同向，不能颠倒；验查真伪，去伪存真；

剔除残币，完残分放；百张一把，十把一捆；

扎把捆紧，经办盖章；清点结账，复核入库。

为达到上述具体要求，应做到以下几点：

（1）坐姿端正：点钞的坐姿会直接影响点钞技术的发挥和提高。正确的坐姿应该是直腰挺胸，身体自然，肌肉放松，双肘自然放在桌上，持票的左手腕部接触桌面，右手腕部稍抬起，这样点钞轻松持久，活动自如。

（2）操作定型，用品定位：点钞时使用的印泥、图章、水盒、腰条等要按使用顺序固定位置放好，以便点钞时使用顺手。

（3）点数准确：点钞的关键是一个"准"字，清点和记数的准确是点钞的基本要求。点数准确一要精神集中；二要定型操作；三要手点、眼看、脑记，手、眼、脑紧密配合。

（4）钞票墩齐：钞票点好后必须墩齐（四条边水平，不露头，卷角拉平）才能扎把。

（5）扎把捆紧：扎小把，以提起把中任一张钞票不被抽出为准。按"#"字形捆扎的大捆，以用力推不变形，抽不出票把为准。

（6）盖章清晰：腰条上的名章，是分清责任的标志，每个人整点后都要盖章，图章要清晰可辨。

（7）动作连贯：动作连贯是保证点钞质量和提高点钞效率的必要条件。点钞过程的各个环节（拆把、清点、墩齐、扎把、盖章）必须密切配合，环环相扣。清点时双手动作要协调，速度要均匀，要注意减少不必要的小动作。

三、手工点钞方法

手工点钞法也称人工点钞法。根据不同的分类标准，人工点钞法又可分为不同的类别。根据点钞时持票方法的不同，可分为手持式点钞法、手持推捻式点钞法、手按式点钞法和扇面点钞法；根据操作指法的不同，可分为单指点钞法和多指点钞法；根据点钞张数的不同，又可以划分为单指单张点钞法、单指多张点钞法、多指多张点钞法等。

小知识 5-2

手按式点钞法是将钞票放在台面上操作；手持式点钞法是在手按式点钞法的基础上发展而来的，其速度远比手按式点钞法快，因此手持式点钞法在全国各地的应用比较普遍。

（一）手持式单指单张点钞法

手持式单指单张点钞法是点钞中最常用的一种方法，它运用的范围较广，可用于收款、付款和整点各种新旧、大小面额的钞票。

（1）特点：使用这种点钞方法，由于持票面积小，清点钞票时能看到的票面大，逐张捻动手感强，因而容易发现假票，便于挑剔损伤券。但是点一张记一个数，比较费力。

（2）操作方法：具体操作方法可以分为持钞、点数、记数、挑残、扎把、盖章六个步骤。

（二）手持式单指双张点钞法

手持式单指双张点钞法是在熟练掌握手持式单指单张点钞法基础上的又一种点钞方法。单指双张点钞法是通过右手拇指一次捻动两张钞票对票币进行点数的方法。这也是它与手持式单指单张点钞法的主要区别。

（三）手持式单指多张点钞法

手持式单指多张点钞法是在手持式单指单张点钞法的基础上发展而成的单指可点多张钞票的点钞方法。目前一次最多可点七张。这种点钞法适用于收款、付款和整点工作，新旧币、主辅币都能点。这种方法的主要优点是记数比单张点钞省力、方便、效率高，缺点是在一指捻几张时，不能看到中间几张的全部票面，不易发现假钞和残破票。这种方法除点数、记数外，其他具体操作方法均与手持式单指单张点钞法相同，只是持票时钞票的倾斜度稍大点。

（四）多指多张点钞法

多指多张点钞法是通过两个以上手指，按照一定的方法顺次捻动票币，对钞票进行点数的方法。这种点钞法具有效率快、易记数、减轻劳动强度等优点，适用于现金的收付和整点，特别是清点整把钞票及复点和竞赛。但由于多指多张点钞法手持票币的特点，使得在点钞时，看到票币的面积小，不利于点数的同时进行挑残，因此不适宜整点残破票较多的钞票。

多指多张点钞法的形式多种多样，其种类有手持式、伏案式（即手按式）和手扳式等。手持式点钞法有双指双张、四指四张等；伏案式点钞法有双指双张、三指三张、四指四张等。其中手持式四指四张点钞是一种应用广泛、点钞轻松、记数方便、速度快捷，而又非常适合柜面收付业务的点钞方法。

（五）手持式来回拨动点钞法

手持式来回拨动点钞法的适用范围及优点与手持式四指四张拨动点钞法一样。点数时，右手五个指头同时沾水，先以食指、中指、无名指、小指顺序触于票面的右上角，向怀内下方拨票，随后再用无名指、中指、食指、拇指逐一触于票面的左上角向外推，依次来回连续点数。每点四张为一组，记一数。

（六）手按式单指单张点钞法

手按式单指点钞法适用于收款、付款和整点各种新、旧、大、小钞票，特别宜于整点辅币及残破票券多的钞票。这种方法的优点是看到的票面较大，便于挑剔残破票和发现假票；缺点是在速度上比手持式单指单张点钞法慢些，劳动强度相对来说也大些。整点时把钞票横放桌上对正点钞员，用左手无名指、小指按住钞票的左上角，用右手拇指托起右下角的部分钞票；用右手食指捻动钞票，每捻起一张，左手拇指即往上推动送到食指、中指之间夹住，即完成了一次点钞动作，以后依次连续操作。手按式单指单张点钞法的记数方法与手持式单指单张点钞法相同。

（七）手按式双张点钞法

手按式双张点钞法适用于收款、付款和整点各种新旧主币、辅币。这种方法的主要优点是速度比手持式单指单张点钞法快一些；缺点是挑残破币不方便，不适用于整点残破券较多的钞票，劳动强度也较大。点数时把钞票斜放在桌上，左手的小指、无名指压住钞票的左上方（约占 3/4），右手食指、中指沾水，沾水后，随即用拇指托起右下角的部分钞票，右臂倾向左前方，然后用中指向下捻起第一张，随即用食指再捻起第二张，捻起的这两张钞票由左手拇指往上送到食指、中指间夹住。记数采用分组记数，两张为一组，记一个数，数到五十就是一百张。

（八）手按式多指多张捻动点钞法

手按式多指多张捻动点钞法适用于收款、付款和整点各种新旧、大小面额的钞票。它的点钞速度要比手按式单指单张快，只是在点钞时，除了第一张钞票以外，其余各张看到的钞票面积太小，不宜整点残破券较多的钞票，也不易发现假票，劳动强度也较大。

（九）手按式三指拨动点钞法

手按式三指拨动点钞法适用于收款、付款和整点各种钞票，尤其适用于整点成把钞票。这种点钞方法两肘都放在桌面上，操作时比较省力方便，工作效率高。但点钞时从第二张以后能看到的钞票面积小，而且清点零数也不方便。

（十）手按式多指推动点钞法

手按式多指推动点钞法适用于收付款和整点各种钞票，尤其适用于整点成把的主币。它的优点是效率高；缺点是清点零数和付款配票不方便，残破票不易剔出。较为常用的是手按式三指三张推动点钞法。操作时将钞票斜放桌上，使右下角正对胸前，整点时左手小指、无名指弯曲压在钞票的左上角（约占票面的 1/5，面积不要太大，以免影响检查票面），同时用右手食指、中指、无名指沾水（为了便于推动，在推点前用右手掌在钞票右下角侧面向上方推动一下，使钞票松散），然后右手后掌固定在桌上（在钞票右下方），食指、中指、无名指微曲，先用无名指由钞票右下角推起第一张，紧接着用中指、食指各推起一张（手指和钞票的接触要少，不要用大力推）。每推动三张用左手拇指将它们送到食指、中指之间夹住，即完成一组动作，以后照此继续操作。

（十一）手按式五张扳数点钞法

手按式五张扳数点钞法适用于整点各种主币及复点工作，新旧残破票混在一起的不宜用此种方法。它的优点是速度快；缺点是看到的票面小，不便挑剔残破票及鉴别假票。操作时双手持票，两手拇指在票前，其余各指在票后，捏住钞票的下半部将其竖立，然后以左手拇指向右推，右手四个手指向左推，下端约伸出桌面 2cm；这时左手中指、无名指、小指按住钞票左下角，拇指与食指悬空弯曲。点钞时右手拇指和食指从钞票右下角扳起钞票（手捏得不要过紧，使其向左散开），然后左手拇指在扳起的钞票中部一次扳五张，每扳一次用食指、中指夹住。采用分组记数，五张为一组，记一个数。

（十二）扇面点钞法

扇面点钞法也是一种手工点钞方法。它与手持式点钞法和手按式点钞法在操作方法上差异较大。扇面点钞法也称多指交替扇面点钞法，是将钞票捻成扇面型，利用单指或多指交替拨动，分组点数，一次数点多张的方法。每组分点五张、十张、十二张、十四张、十六张不等，时速可达三万张以上。

四、点钞技能量化标准

点钞技能量化标准见表5-1。

表5-1   点钞技能量化标准

点钞方法	等级	3分钟点钞张数（张）	百张所用时间（秒）
单指单张	一	800以上	22.0以内
	二	700～799	22.0～24.0
	三	600~699	24.0～26.0
	四	500~599	26.0～28.0
	五	400~499	28.0～30.0
扇　面	一	900以上	20.0以内
	二	800～899	20.0～22.0
	三	700～799	22.0～24.0
	四	600～699	24.0～26.0
	五	500～599	26.0～28.0
多指多张	一	1 000以上	17.0以内
	二	800～999	17.0～20.0
	三	700～799	20.0～22.0
	四	600～699	22.0～24.0
	五	500～599	24.0～26.0

第三节　机器点钞方法

一、机器点钞的基本方法

机器点钞法也称点钞机点钞法，是用点钞专用机器通过电子计数器反映张数，进行钞票整点的方法。当计数器显示一百张时，即将点落的钞票捆成一把。机器点钞用机械操作代替手工劳动，使出纳人员从繁重的手工点钞劳动中解脱出来，它比手工点钞效率高得多，每小时可点五万张左右，适用于现金收入较多又较频繁的单位，用于清点整齐的大票。除此之外，也有清点硬币的机器。

二、机器点钞法的具体操作要领

使用机器整点票币，可以减轻出纳人员的劳动强度。目前，使用的点钞机器都是国产统一型号的捻轮式点钞机。其操作要领如下：

（一）准备工作

（1）点钞机放在点款员的正前方，使用时首先打开电源开关，进行调试，检查各机件是否完好，工作是否正常，下钞是否流畅，计数是否正确。调试一般要求达到不松、不紧、不吃、不塞。

（2）票币放在右侧，按大面额票券在前，小面额票券在后的顺序排列。

（3）各种用具放置要适当，用时才能得心应手。

（二）操作方法

（1）持钞。右手拇指在钞票内侧，其余四指在钞票外侧，捏住钞票右上角。

（2）拆把。左手将捆钞纸条撕下，放在桌上，顺势将钞票捻成前低后高的坡形，便于分张和下钞流畅。

（3）清点。其具体操作方法如下：

①将钞票轻轻放入下钞斗内。不要用力过大，否则会造成塞钞。轻放才会使其自然下滑，通过捻钞轮进入机器内。

②目光迅速转向输钞带。注意检查是否有夹杂券、破损券、假钞或其他异物，如发现立即剔出。

③钞票全部下到积钞台后，看显示屏显示数字是否与该把所标金额相符。

④确认金额无误后将钞票取出墩齐、扎把。

⑤在清查过程中要根据票面大小，随时调整积钞台大小档次，以适应大小不同的票币。

⑥在整点整把钞票时，如果发现显示屏显示数字不是100（即不是100张），必须复点。在复点前必须首先将显示屏显示数字还原为0后再复点，并注意保管好原把腰条，不能混淆，以便分清责任。

三、机器点钞的注意事项

（1）在机器点钞过程中，如下钞正常，目光要集中在输钞带上，直至下钞完毕，目光再移到显示屏上，看金额是否准确。

（2）在取出刚点完的钞票时，特别注意要取净，防止落下，造成混把。

（3）点完一个单位的钞票后，要检查一下机器底下是否有遗钞，特别是发现少款时，要仔细检查输钞带、捻钞轮底下是否有"吃钞"情况。

第四节 清点硬币技术

一、硬币的概念

硬币也称铸币或硬辅币，它是国家铸造的具有一定形状、重量、成色和面值的金属货币，并不是指国际金融市场上某种货币的汇率是否坚挺的"硬货币"。铸币主要用作辅币（如1角、5角），也有小部分用作主币（如1元、5元的金属货币）和纪念币，其均属于国家的法定货币，与同面额的纸币价值相等，同时在市场上混合流通。

小知识5-3

硬币的"本职"是充当流通中介。但因收藏和投资的需要，又派生出一些其他用途的硬币。虽然对硬币可有不同的分类标准，但从集藏需要出发，按照发行目的进行分类应是最本质和最基本的方法，由此可分为流通币、收藏币、投资币。

二、清点硬币的方法

目前，在我国清点硬币仍沿用传统的两种方法：一种是手工清点硬币方法；另一种是工具清点硬币方法。

（一）手工清点硬币方法

手工清点硬币方法常用于收款和收点硬币尾零款，以100枚为一卷，一次可清点5枚、12枚、14枚或16枚，最多的可一次清点18枚，主要依个人技术熟练程度而定。其操作方法如下：

（1）拆卷。右手持硬币卷的1/3处，放在待用包装纸的中间，左手撕开硬币包装纸的一头，然后右手拇指向下从左到右压开包装纸，把纸从卷上面压开后，左手食指平压硬币，右手抽出已压开的包装纸，这样即可准备清点。

（2）点数。按币值由大到小的顺序进行清点，用左手持币，右手拇指、食指分组清点。为保证准确，用右手中指从一组中间分开查看，如以18枚为一组，即从中间分开，两边各9枚；如以10枚为一组，两边各5枚。计数方法：分组计数，一组为一次，如点10组即计10次，其他以此类推。

（3）包装。硬币清点完毕后，用双手的无名指分别顶住硬币的两头，用拇指、食指、中指捏住硬币的两端，将硬币放在已准备好的包装纸1/2处，再用双手拇指把里半部的包装纸向外掀起掖在硬币底部，再用右手掌心用力向外推卷，然后用双手的中指、食指、拇指分别将两头包装纸压下均贴至硬币，这样使硬币两头压三折，包装完毕。

（二）工具清点硬币方法

工具清点硬币方法是指对大批的硬币用清点工具进行整点的方法。其具体操作步骤如下：

（1）拆卷。拆卷方法分为震裂法拆卷和刀划法拆卷。

①震裂法拆卷：用双手的拇指与食指、中指捏住硬币的两端向下震动，在震动的同时左手稍向里扭动，右手稍向外扭动，使包装纸震裂。需要注意的是，用力要适度。然后将震裂的包装纸拿开，准备清点。

②刀划法拆卷：首先在硬币清点器的右端安装一个刀刃向上的刀片，拆卷时用双手的拇指、食指、中指捏住硬币的两端，从左端向右端在刀刃上划过，这样做使包装纸被刀刃划破一道口，硬币进入清点器盘内，然后将被划开的包装纸拿开，准备清点。

（2）点数。硬币放入清点器内进行清点时，双手食指扶在清点器的两端，拇指推动弹簧轴，眼睛从左端到右端，看清每格内是否是5枚，如有氧化变形及伪币应随时挑出，并如数补充上，然后准备包装。

（3）包装。工具清点硬币的包装方法与手工清点硬币的包装方法相同。

本章小结

本章主要介绍了钞票的由来和人民币的常识，详细讲解了不同种类的手工点钞方法以及机器点钞方法和清点硬币方法。其中，手持式单指单张点钞法是目前应用范围最广泛的一种手工点钞方法，要想熟练操作，需要勤加练习，在保证准确性的前提下，不断提高点钞速度。

钞票小故事

中国货币与世界的故事

广州对外贸易的历史长达两千年。18世纪中叶至19世纪中叶，它是中国与欧洲通商的唯一法定港口。形式各异的外国银币从广州大量进入中国，而中国商人交易用的银锭也来自各地，重量和纯度不一。

为解决这个问题，广州的验银师须用放大镜仔细观察银锭，根据颜色、材质、大小判断它们的价值。光绪年间，现代化铸币厂出现，在广州交易的清朝银元形制更统一，其边沿还铸有英文，以便外商使用。

两个世纪后，中国已成为全球最大的货物贸易国。2009年，中国正式启动跨境贸易人民币结算，广州与上海、深圳、珠海、东莞成为首批试点城市。

总部位于广东省佛山市的美的集团很快便尝到了甜头，与海外客户更多用人民币直接结算。

美的集团财务有限公司总经理姚向明表示，现在跟泰国客户做生意，只要把泰铢直接换成人民币就可以了，"结算效率提高了，汇率波动风险降低了"。

如今，美的集团业务已遍及全球，拥有约200家子公司、60多个海外分支机构和13.5万名员工。

金发科技股份有限公司也是受益者。这家总部在广州的新材料公司主要生产改性塑料，广泛用于汽车、家电、通信设备、可降解包装等。

六年前，金发科技开始探索海外市场。人民币跨境结算试点为它收购印度一家公司提供了直接投资的新方式，降低了汇率风险。

"我们在选择人民币、美元还是（印度）卢比时做了一个比较，发现人民币是相对波幅最小的。"公司资金管理主管邢泷语说。

现在，金发科技印度子公司已成为当地最大的改性塑料生产企业，2018年销量超过6万吨，较上年增长近20%。

"我们很多下游客户、境外合作伙伴也提出了使用人民币结算的需求。币值稳定是他们选择用人民币支付货款的主要原因。"邢泷语说。

随着越来越多中国企业参与到国际贸易中，更多的人民币正在国际市场上流通。而选择用人民币进行结算，也体现了世界对中国经济的信心。

中国人民银行广州分行跨境人民币结算试点工作小组办公室副主任刘秋茹说：

"2008年全球金融危机之后，中国经济保持快速稳定发展，对全球经济发挥了稳定器的作用。世界对中国经济有信心，对人民币更有信心。"

贸易行业并非人民币国际化的唯一受益者。2018年年底开通的港珠澳大桥，建设历时9年，主桥项目由粤港澳三地政府共同投资，人民币在其中也扮演了重要角色。

中国银行广东省分行高级经理黄海宁说："如果香港和澳门特区政府用港币或者澳门元出资，由于存在汇率波动，可能会造成损失，导致项目建设资金到位不足。所以，我们大胆地建议港澳特区政府以人民币出资。"

在人民币直接投资的推动下，"一带一路"倡议也让更多海外桥梁、铁路、工厂从图纸变为现实，惠及沿线民众。

中国工商银行广东省分行国际业务部总经理助理张瑞雪表示，广东工行人民币跨境结算业务已从香港和澳门扩大到全球133个国家和地区，特别是"一带一路"沿线，结算量正在"显著提升"。

2018年，广东工行年度跨境人民币结算量首次突破4 000亿元，其中与"一带一路"沿线国家及地区的结算量达782亿元，约占全部结算量的20%。

2019年8月，环球银行金融电信协会（SWIFT）在北京成立全资中国法人机构，继美元、欧元后，人民币成为它在全球接受的第三种国际货币。人民币的国际使用将更广泛，中国也将与世界共享更多的发展机遇。

从银元、银锭到跨境贸易人民币结算，广州口岸见证了中国与世界的贸易往来，而中国货币与世界的故事也将续写新篇。

资料来源　孙雯骥，孟盈如，丁乐.钱币上的中国（四）：中国货币与世界的故事[EB/OL].（2019-11-21）. https://www.360kuai.com / pc / 9cc1d9dfd90965bbd? cota=3&kuai_so=1&sign=360_57c3bbd1&refer_scene=so_1.

技能训练

常用手工点钞方法计时训练

（1）手持式单指单张点钞法，100张/分钟。

（2）手持式多指多张点钞法，100张/分钟。

（3）手按式单指单张点钞法，80张/分钟。

（4）手按式多指多张点钞法，100张/分钟。

趣味练习

手工点钞技能比赛

学生每四人一组，完成多指多张点钞法和单指单张点钞法两项测试内容。

（1）测试用品：点钞纸、捆扎条、涤棉缸、签字笔等。

（2）测试时间：10分钟。

（3）测试要求：每组学生分两队，分别完成上述两项测试内容，成绩合并计算。

实 训 篇

全国珠算技术等级鉴定普通六级试题（一）

加减算 限时20分钟

一	二	三	四	五
68	43	86	432	4 375
5 026	261	735	−54	68
549	5 584	4 092	1 802	519
93	12	18	−66	−25
2 806	371	9 804	374	1 209
37	46	72	−28	−98
854	9 508	635	7 964	406
4 193	812	8 574	85	82
65	57	23	−493	−746
271	6 903	461	12	2 271
17	94	39	506	−91
5 029	326	701	−6 718	637
81	7 514	98	82	−3 045
439	86	3 612	4 923	82

六	七	八	九	十
25	39	4 979	754	4 871
2 864	71	95	−76	−65
412	5 064	714	5 962	823
83	92	28	−89	−38
9 316	374	1 583	379	7 016
35	14	52	−15	45
173	645	836	607	−109
5 907	2 309	4 902	2 819	2 613
68	41	36	42	−94
542	2 856	627	−7 438	409
20	47	31	43	63
896	528	128	−982	1 274
3 104	7 392	8 049	2 105	587
97	516	57	63	26

乘　算		除　算	
一	59×23=	一	5 070÷78=
二	14×608=	二	1 829÷59=
三	462×37=	三	2 160÷90=
四	68×95=	四	4 240÷53=
五	73×612=	五	564÷12=
六	308×41=	六	1 344÷84=
七	27×19=	七	1 820÷26=
八	905×74=	八	3 038÷31=
九	81×509=	九	3 551÷67=
十	56×83=	十	1 160÷40=

全国珠算技术等级鉴定普通六级试题（二）

加减算 限时20分钟

一	二	三	四	五
619	54	72	8 614	9 196
42	843	673	−49	−21
8 512	6 025	98	324	984
57	91	345	58	−36
9 723	5 376	4 509	−3 185	1 372
62	42	71	76	−48
784	218	8 251	839	729
1 943	1 065	19	6 243	84
29	34	5 432	−27	−697
305	167	106	901	46
91	79	87	−85	−7 501
2 817	8 926	6 703	4 208	25
65	584	589	−163	8 037
408	38	24	56	359

六	七	八	九	十
4 207	638	41	39	5 673
74	49	352	571	89
628	9 572	79	7 651	−578
59	21	8 067	−89	61
4 831	503	54	3 821	−1 924
26	84	942	−97	95
805	3 607	6 103	125	713
91	18	24	−5 041	−21
1 406	7 280	136	64	385
627	196	6 798	−236	−76
95	52	72	98	9 102
238	832	135	4 502	−43
45	9 465	5 049	−37	8 064
3 972	71	82	687	531

乘 算		除 算	
一	92×307=	一	1 344÷84=
二	34×85=	二	4 240÷53=
三	568×19=	三	4 074÷42=
四	67×51=	四	6 305÷97=
五	201×84=	五	2 193÷51=
六	17×629=	六	2 760÷30=
七	24×93=	七	1 248÷16=
八	85×706=	八	870÷29=
九	403×21=	九	3 672÷68=
十	79×48=	十	1 470÷70=

全国珠算技术等级鉴定普通六级试题（三）

加减算   限时20分钟

一	二	三	四	五
1 403	3 507	562	7 869	4 043
20	63	85	51	−32
879	921	9 146	923	726
61	38	57	−35	92
7 128	5 264	3 012	8 307	−814
15	17	69	−64	58
453	786	248	153	4 876
39	2 069	17	−7 081	−67
905	84	463	24	291
48	591	7 895	−192	18
2 607	35	53	24	−2 945
93	7 382	3 829	836	306
617	14	401	−94	−43
8 245	967	67	5 607	8 957

六	七	八	九	十
96	403	39	6 213	97
261	86	763	37	2 341
73	1 247	35	−721	659
5 084	75	4 802	92	−15
835	541	691	284	4 708
91	23	51	−59	−96
370	3 809	8 217	175	371
65	46	936	4 862	−53
1 058	6 052	24	−86	7 925
74	718	6 481	7 538	−246
692	49	35	−83	64
3 450	563	478	141	932
16	2 409	9 207	−6 405	−8 706
9 287	87	51	29	91

乘 算		除 算	
一	71×38=	一	1 176÷21=
二	805×29=	二	3 397÷43=
三	93×564=	三	1 740÷58=
四	264×97=	四	3 484÷67=
五	83×401=	五	1 680÷80=
六	16×75=	六	4 512÷96=
七	69×102=	七	952÷14=
八	52×63=	八	910÷70=
九	304×87=	九	3 150÷35=
十	47×12=	十	7 728÷92=

全国珠算技术等级鉴定普通六级试题（四）

加减算 限时20分钟

一	二	三	四	五
18	2 876	413	648	794
549	23	12	−75	−82
9 103	819	2 347	2 097	7 125
32	95	58	−68	13
6 421	3 076	316	196	−465
87	52	75	41	48
106	641	4 908	8 253	5 906
25	7 038	86	−314	23
409	16	902	97	−3 714
51	524	8 571	−5 902	480
978	15	14	29	−35
3 456	498	6 305	3 648	278
87	72	429	−17	−54
2 371	9 530	73	562	6 109

六	七	八	九	十
4 302	353	6 412	53	8 286
54	28	78	317	−73
697	1 769	129	−91	304
38	82	49	849	97
265	347	6 705	5 261	6 508
90	61	52	−23	−49
8 714	2 092	238	7 049	835
75	753	96	62	−5 681
436	95	809	−145	29
7 210	5 806	61	61	−512
89	84	1 734	−4 608	47
165	9 130	47	854	3 436
2 807	421	326	−27	−72
39	76	9 850	2 493	896

乘　算		除　算	
一	74×205=	一	2 670÷30=
二	13×86=	二	2 914÷47=
三	589×37=	三	3 233÷61=
四	76×109=	四	1 164÷12=
五	62×94=	五	4 292÷58=
六	201×43=	六	3 560÷89=
七	95×638=	七	400÷25=
八	48×52=	八	840÷30=
九	306×71=	九	2 880÷96=
十	84×59=	十	1 110÷74=

全国珠算技术等级鉴定普通六级试题（五）

加减算　　　　　　　　　　　　　　　　　　　　　　　　　限时20分钟

一	二	三	四	五
1 078	676	4 603	7 543	699
329	93	68	−475	−53
1 403	3 819	347	85	55
32	195	58	−3 068	6 013
421	76	7 316	−96	21
97	4 152	15	41	−4 248
106	78	98	53	906
25	5 038	4 186	−819	−623
409	16	902	97	14
51	2 524	71	902	1 481
4 978	15	414	4 320	−35
56	498	305	648	5 278
87	72	31	−17	−54
6 371	530	2 073	5 960	109

六	七	八	九	十
314	412	3 098	43	7 286
68	5 728	65	6 317	873
4 607	69	239	−721	−4 304
138	3 481	1 840	89	−397
65	347	705	261	95
2 590	62	16	−23	−63
14	92	4 233	3 049	2 835
575	1 753	96	62	21
3 436	395	809	−2 145	29
214	806	32	61	−512
89	84	5 734	−608	47
1 165	4 103	47	50	1 809
98	21	326	−827	−72
39	71	62	4 493	896

乘 算		除 算	
一	43×125=	一	7 968÷83=
二	25×37=	二	2 160÷27=
三	176×98=	三	1 710÷90=
四	29×356=	四	938÷14=
五	43×58=	五	1 334÷58=
六	109×22=	六	2 982÷71=
七	59×587=	七	1 380÷46=
八	42×57=	八	2 340÷30=
九	389×62=	九	3 162÷62=
十	54×48=	十	2 655÷59=

全国珠算技术等级鉴定普通五级试题（一）

加减算 限时20分钟

一	二	三	四	五
7 242	8 741	8 051	9 317	6 078
369	352	895	−691	−607
421	635	126	254	154
1 564	4 193	6 389	2 583	−3 092
839	721	208	461	231
4 308	1 047	1 984	5 086	7 809
651	816	567	−712	524
207	542	492	835	783
514	429	641	−4 169	−902
3 783	8 053	307	504	147
257	749	2 432	−837	5 416
904	628	725	402	359
2 980	6 805	5 307	739	−683
607	197	391	1 927	368
839	608	406	−209	−2 165

六	七	八	九	十
272	4 237	6 245	5 084	867
7 615	615	309	141	9 150
686	362	413	−208	−761
170	214	8 594	479	418
6 351	7 328	972	7 042	−5 389
308	481	430	−736	−964
462	3 059	251	950	809
3 209	625	5 249	−5 481	2 616
947	760	785	729	−208
590	512	6 427	1 017	147
5 738	4 234	908	−465	3 502
640	901	136	706	413
516	9 573	4 270	3 150	−970
402	849	531	−684	574
9 549	146	407	513	1 039

乘　算（保留两位小数）		除　算（保留两位小数）	
一	0.653×0.701=	一	0.2824÷0.53=
二	692×45=	二	7 632÷106=
三	3 754×29=	三	0.48647÷0.47=
四	0.17×0.8314=	四	16 821÷63=
五	508×79=	五	57 567÷93=
六	402×635=	六	1 026÷38=
七	39×514=	七	6 923÷23=
八	281×62=	八	7 533÷81=
九	14×627=	九	4 165÷49=
十	76×308=	十	16 191÷257=

全国珠算技术等级鉴定普通五级试题（二）

加减算　　　　　　　　　　　　　　　　　　　　限时 20 分钟

一	二	三	四	五
3 438	1 782	947	7 408	6 416
651	563	108	−607	359
207	821	5 286	154	−683
514	6 047	679	−3 092	368
1 783	315	506	231	−2 165
481	308	6 102	−291	873
3 059	462	369	403	204
625	2 209	421	3 582	−793
760	947	1 564	−273	2 179
512	590	839	908	−902
7 082	3 472	408	1 547	549
543	257	8 291	649	1 352
367	5 703	274	−103	709
2 019	319	932	836	4 814
743	704	7 581	2 541	−297

六	七	八	九	十
837	463	3 247	8 349	6 047
136	5 034	816	−196	496
3 270	987	542	245	301
531	605	429	638	−638
407	217	8 053	−164	−2 514
4 982	2 047	384	2 084	4 017
631	418	4 672	141	−325
286	6 104	895	−208	536
2 097	379	607	479	1 394
852	362	5 981	4 042	−701
8 501	15 738	257	1 307	725
895	640	409	−691	906
126	516	2 987	254	9 138
6 389	402	703	−6 583	−704
208	9 549	689	461	586

乘　算（保留两位小数）		除　算（保留两位小数）	
一	407×86=	一	116.83÷19=
二	35×176=	二	4 930÷58=
三	0.618×4.02=	三	1 769÷61=
四	82×507=	四	1 394÷82=
五	917×63=	五	6 956÷94=
六	0.5084×0.27=	六	8.2748÷0.86=
七	26×184=	七	38 430÷63=
八	903×256=	八	43 180÷508=
九	174×28=	九	23 166÷702=
十	65×3 079=	十	23 374÷806=

全国珠算技术等级鉴定普通五级试题（三）

加减算 限时20分钟

一	二	三	四	五
1 274	472	5 432	6 049	6 106
618	7 615	725	−524	−297
245	686	5 307	783	485
492	170	391	−902	569
8 503	6 351	406	147	1 072
376	141	4 234	8 607	−465
135	3 097	901	792	706
2 308	384	9 573	−458	3 150
742	812	849	596	−684
504	309	146	2 607	513
9 701	5 237	1 984	−6 805	−196
352	615	567	217	304
635	562	492	−538	4 258
4 193	214	641	1 496	−2 372
721	7 328	307	405	908
六	七	八	九	十
2 419	509	6 901	7 125	4 102
302	628	576	−589	413
124	6 805	419	162	−970
1 546	197	624	3 689	574
893	608	703	802	1 039
268	430	7 245	−837	936
5 926	251	309	402	487
695	5 249	413	739	−206
864	785	2 594	1 927	9 043
473	1 427	972	−209	451
4 638	803	8 592	−4 021	−5 461
156	4 194	801	573	−307
702	275	698	2 362	168
541	2 649	506	504	4 653
6 875	206	1 219	−139	−208

乘　算（保留两位小数）		除　算（保留两位小数）	
一	536×74=	一	3 552÷74=
二	61×508=	二	5 278÷58=
三	509×25=	三	622.07÷82=
四	0.271×6.09=	四	2 961÷47=
五	84×731=	五	2 736÷36=
六	51×8 026=	六	25 524÷36=
七	206×713=	七	48 762÷602=
八	0.6903×1.2=	八	1 449÷63=
九	46×685=	九	17 605÷503=
十	58×427=	十	0.0693÷0.15=

全国珠算技术等级鉴定普通五级试题（四）

加减算 限时20分钟

一	二	三	四	五
803	3 749	245	7 083	725
6 194	628	309	−196	906
275	6 805	413	245	9 138
2 649	197	8 594	−3 638	−704
206	608	972	164	586
513	908	4 308	6 805	3 461
1 034	136	651	217	−307
987	4 270	207	−538	168
605	531	514	1 496	4 653
217	407	1 783	405	−208
3 158	430	872	873	549
249	251	7 615	−204	−1 352
978	5 249	686	793	709
254	785	170	2 179	2 814
5 687	1 427	6 351	−902	−297

六	七	八	九	十
1 047	4 234	6 102	8 607	8 706
816	901	369	792	−297
542	9 573	3 421	−458	485
429	849	564	596	569
8 053	146	839	1 607	−1 072
501	481	9 701	−291	−196
895	2 059	352	403	304
126	625	635	3 582	3 258
6 389	760	193	−273	−372
208	4 512	721	908	908
5 237	308	1 432	5 147	4 547
615	462	725	−496	649
362	3 209	5 307	301	−103
214	947	391	638	836
7 328	590	406	−2 514	2 541

乘　算（保留两位小数）		除　算（保留两位小数）	
一	365×96=	一	7 802÷83=
二	16×648=	二	21 571÷407=
三	0.5248×0.81=	三	7 938÷63=
四	76×574=	四	2 128÷28=
五	419×53=	五	17.62÷2.7=
六	27.4×3.06=	六	11.59÷4.08=
七	603×58=	七	1 088÷17=
八	38×975=	八	67 017÷753=
九	857×402=	九	11 220÷55=
十	65×7 169=	十	2 378÷58=

全国珠算技术等级鉴定普通五级试题（五）

加减算   限时20分钟

一	二	三	四	五
684	3 274	3 019	8 592	9 021
2 765	618	302	801	−573
403	2 245	124	−3 698	362
1 329	492	1 546	506	−4 504
751	8 503	893	−219	139
384	257	274	7 809	8 307
4 672	409	607	−524	−691
895	1 987	481	783	254
607	703	6 258	−902	6 583
5 981	689	609	147	461
947	4 981	4 638	2 084	−465
108	576	156	141	706
6 286	419	702	−208	3 150
679	624	541	479	−684
506	703	2 875	5 042	513

六	七	八	九	十
5 738	1 984	8 501	8 015	9 017
640	567	895	−589	325
516	3 492	126	162	−536
402	641	6 389	−3 689	2 394
549	307	208	802	701
3 472	4 047	5 237	478	−837
257	816	615	−607	402
4 703	542	362	154	739
319	429	214	3 092	−5 927
704	8 053	7 328	−231	209
7 082	308	481	5 416	3 502
543	462	3 059	359	−413
367	3 209	625	−683	970
2 019	947	760	368	−574
743	590	512	2 165	1 039

乘　算（保留两位小数）		除　算（保留两位小数）	
一	403×79=	一	116.83÷76=
二	82×128=	二	4 080÷85=
三	0.714×7.06=	三	1 479÷29=
四	95×403=	四	6 992÷76=
五	281×68=	五	4.1374÷0.43=
六	0.9076×27=	六	37 820÷61=
七	35×936=	七	12 192÷508=
八	147×51=	八	51 246÷702=
九	502×384=	九	38 688÷806=
十	63×4 072=	十	1 411÷17=

全国珠算技术等级鉴定普通四级试题（一）

加减算　　　　　　　　　　　　　　　　　　　　　　限时20分钟

一	二	三	四	五
7 872	245	9 701	193	1 804
627 615	4 492	352	951 247	325
1 686	8 503	1 635	708	83 492
170	204 234	264 193	8 529	-9 571
6 351	901	721	-9 108	637 192
903 019	90 573	4 627	-429 102	-845
302	765 237	859	537	637
124	615	51 432	6 452	52 901
51 546	6 362	725	-416	346
893	214	795 307	-43 852	-7 481
7 082	17 328	391	2 946	729
543	3 274	5 406	602	-231 017
367	618	608	531	2 309
62 019	1 496	86 149	-1 403	-213
1 743	405	2 237	68 903	7 908

六	七	八	九	十
803	384	11 047	87 083	553 461
86 194	94 672	816	-9 196	-8 307
275	895	5 542	245	168
2 649	607	9 429	75 638	44 653
206	5 981	588 053	-164	-208
7 430	76 102	48 015	196	375 416
251	7 369	6 589	4 304	359
605 249	421	162	803 258	-5 683
785	701 564	73 689	-372	368
6 427	839	802	908	2 165
414 638	9 017	3 472	-5 291	8 307
1 156	325	257	403	-691
702	2 536	535 703	-263 582	254
6 541	201 394	2 319	1 273	-56 583
43 875	1 701	704	6 908	3 461

乘　算（保留两位小数）		除　算（保留两位小数）	
一	7 015×19=	一	736 791÷807=
二	6 928×482=	二	6.30911÷0.73=
三	82×6 107=	三	91 168÷154=
四	57.01×0.83=	四	45 975÷75=
五	649×274=	五	259 616÷608=
六	402×5 163=	六	39 445÷49=
七	16×9 408=	七	3 354.15÷37.2=
八	53.79×0.37=	八	198 927÷961=
九	24×7 509=	九	40 236÷479=
十	8 096×42=	十	2 044÷28=

全国珠算技术等级鉴定普通四级试题（二）

加减算   限时20分钟

一	二	三	四	五
1 872	89 017	84 627	352 309	88 307
57 615	325	859	213	-691
686	4 536	8 015	7 908	254
2 170	581 394	589	-416	-6 583
606 351	701	4 162	203 852	461
430	11 047	233 689	2 083	761 804
251	816	802	-5 196	2 325
565 249	7 542	3 019	245	-258 196
785	429	61 302	65 638	304
6 427	8 053	124	-164	3 258
47 082	9 701	901 546	291	-49 372
4 543	352	893	3 403	908
367	635	1 245	-33 582	-7 481
2 019	424 193	492	-9 273	729
743	3 721	8 503	908	1 017

六	七	八	九	十
5 237	794 638	56 102	545 416	43 461
21 615	156	3 369	46 359	-307
362	4 702	421	-683	3 168
214	29 541	211 564	4 368	754 653
7 328	393 875	839	-202 165	-208
953 472	384	4 234	7 192	3 492
257	4 672	901	-845	571
755 703	1 895	9 573	193	-268 529
4 319	607	971 496	71 247	108
704	5 981	405	708	-19 102
59 432	608	4 803	-2 946	537
725	76 149	26 194	602	-4 637
2 307	237	275	7 531	2 901
391	3 274	2 649	-31 403	346
5 406	618	206	8 903	6 452

乘　算（保留两位小数）		除　算（保留两位小数）	
一	587×163=	一	26 752÷38=
二	301×408=	二	1 019.40÷26.1=
三	0.94×30.07=	三	176 954÷859=
四	7 015×92=	四	26 496÷368=
五	8 096×42=	五	1 377÷17=
六	72×5 036=	六	608 572÷706=
七	6 049×18=	七	1.5716÷0.62=
八	5 817×37=	八	443 682÷942=
九	18×4 609=	九	37 888÷64=
十	46.09×0.57=	十	413 712÷507=

全国珠算技术等级鉴定普通四级试题（三）

加减算   限时20分钟

一	二	三	四	五
972	42 835	185	471 609	39 608
6 523	318	6 094	−201	173 629
7 901	17 406	706	1 948	−3 289
1 853	851	936 205	471	4 607
258 907	5 829	284	−3 696	−648
416	426	75 268	85 204	825 104
63 902	1 967	759	553	−7 142
864	752	4 391	6 387	5 083
97 481	3 061	5 708	186	825
317	857 497	41 709	638	605
416 953	403	8 253	−121 172	173
8 026	2 405	642	9 203	−64 157
1 475	693	1 631	−8 745	531
258	1 397	284 731	294	−1 529
908	693 802	993	−29 613	974

六	七	八	九	十
215	65 348	428	792 103	82 701
3 756	473	7 031	−6 402	498 732
843	659	98 672	58 407	135 406
36 205	7 291	983	863	−9 463
938	185	1 534	−165 498	5 018
1 204	71 609	907	2 075	−8 312
2 976	387	357 608	792	6 709
579 801	8 352	621	−6 139	761
4 817	924	357	5 978	584
579	1 421	8 902	437	−1 532
209	924 305	14 903	−43 126	296
21 894	4 097	2 685	251	135
641	387 621	716	165	−705
443 276	604	1 754	−1 298	498
9 053	5 608	621 954	406	−76 459

乘　算（保留两位小数）		除　算（保留两位小数）	
一	4 507×946=	一	81 928÷98=
二	0.54×0.6587=	二	55 500÷375=
三	2 301×72=	三	166.96÷28=
四	793×108=	四	215 712÷504=
五	968×803=	五	9 345÷623=
六	8 732×51=	六	64 584÷104=
七	1 026×34=	七	38 409÷413=
八	87×1 716=	八	13 234÷26=
九	15×4 629=	九	36.50362÷7.96=
十	6.49×2.395=	十	75 905÷85=

全国珠算技术等级鉴定普通四级试题（四）

加减算   限时20分钟

一	二	三	四	五
602	817	8 595	7 936	36 019
241 054	63 021	60 581	−129	947
432	614	713 068	34 051	−2 135
58 027	1 052	245	612 053	67 094
5 431	753 053	576	−6 132	5 182
726	165	72 149	487	−465
73 485	6 068	2 804	−756	705
1 867	76 429	548 905	8 614	−8 473
6 093	9 817	372	−50 278	820 818
972	407 487	4 196	493	691
325 584	421	265	7 809	−3 596
5 419	2 856	9 018	305 123	714
328	639	874	952	−423 807
4 197	4 314	6 531	−5 013	268
506	578	902	678	9 053

六	七	八	九	十
56 214	4 696	678	667 164	945 952
894	345 827	5 401	−816	724
2 801	2 941	962	2 542	−456
365	749	73 842	54 082	7 283
810 472	625	146	6 717	−48 058
3 296	238	468 689	239	6 732
76 509	1 092	394	−40 139	−9 034
528	89 948	4 827	945	251
9 247	847 504	856	872	20 768
321 124	914	3 359	−538	4 253
176	5 197	60 784	236 091	−196
4 085	18 744	531 092	−7 926	702
593	605	241	8 047	8 039
1 078	248	7 032	−1 604	−128 261
924	6 309	1 086	895	894

乘　算（保留两位小数）		除　算（保留两位小数）	
一	7 012×78=	一	567 710÷715=
二	291×6 017=	二	303 419÷241=
三	0.6904×3.46=	三	215 033÷973=
四	38×6 509=	四	6.35074÷1.03=
五	6 142×23=	五	49 837÷43=
六	24×7 431=	六	0.0796÷0.498=
七	385×528=	七	53 118÷78=
八	5 307×16=	八	51 354÷27=
九	835×528=	九	8 208÷108=
十	6.4×0.96286=	十	57 058÷607=

全国珠算技术等级鉴定普通四级试题（五）

加减算 限时20分钟

一	二	三	四	五
456	89 276	893	825 907	57 103
8 961	732	1 046	−605	485 167
2 759	147	178	1 283	954
693	1 745	596 278	678	−9 067
403	447 209	471	−67 954	782
45 732	7 013	2 209	4 519	369
125	263 845	68 204	941	−109
728 491	807	9 357	−5 023	485
3 068	9 806	165	604	−12 498
402	35 801	3 701	2 081	−5 637
1 125	263	471 504	825	2 108
693 705	6 294	596	−7 972	123
728	891	23 519	13 608	369 402
81 406	3 415	234	347	−4 426
4 387	569	6 748	−341 623	9 035

六	七	八	九	十
358	79 186	893	6 019	7 905
47 981	821	2 065	126 807	384 967
302	25 703	102	−506	−4 657
4 091	162	672 403	126	2 908
894 605	6 194	495	−4 872	925
627	793	13 429	93 501	651 302
1 308	2 435	136	347	−83 263
476	569	5 768	849 823	1 054
35 642	8 032	3 109	698	561
125	162 745	58 106	849	−901
627 391	708	9 437	−6 023	384
4 087	3 706	254	7 504	−92 318
2 659	348	2 078	−9 213	143
894	8 045	495 178	571	−9 067
6 304	348 109	672	−57 864	782

乘　算（保留两位小数）		除　算（保留两位小数）	
一	3 608×137=	一	59 304÷84=
二	0.63×0.7658=	二	25 515÷405=
三	175×502=	三	4 656÷194=
四	5 829×64=	四	28 245÷35=
五	46×3 791=	五	0.1003÷0.206=
六	7.31×9.216=	六	77 748÷627=
七	9 204×89=	七	14.6442÷8.97=
八	812×405=	八	57 018÷78=
九	4 097×23=	九	49 128÷534=
十	58×8 047=	十	60 544÷704=

全国珠算技术等级鉴定普通三级试题（一）

加减算   限时20分钟

一	二	三	四	五
80 527	417 608	4 175	97 853	41 835
743	92 625	765 084	6 727	186 027
4 516	2 087	629	−434	−6 034
760 139	849	80 425	156 219	56 203
18 452	650 412	2 317	−21 834	−834
793	37 129	35 896	2 917	2 917
328 074	1 925	943	920 376	520 376
2 193	56 398	512 806	375	427
53 281	734	18 049	−10 794	22 316
706	615 804	496 024	7 528	7 528
364 705	48 617	2 371	471 509	−371 509
7 352	3 092	86 954	56 923	−56 923
864 618	908	705	−317 184	620 184
50 134	291 057	94 163	308	618
80 419	86 274	650 278	−29 475	−25 095

六	七	八	九	十
47.93	6 021.98	623.05	258.61	1.78
3 420.61	7.85	59.84	8 301.79	4 802.56
906.58	860.34	3 045.17	7.89	−79.13
5.27	4 719.27	410.96	−14.62	2.45
830.19	53.48	8.42	−4 970.35	−304.87
2 016.37	3.92	78.56	301.42	8 570.19
75.48	129.68	2 370.91	−41.29	53.61
1.63	25.64	659.18	9.75	820.78
698.02	108.59	9.71	860.39	−6 035.94
7 832.54	94.37	10.63	2 038.46	1.69
6.35	4 870.21	5 138.09	7.54	78.23
807.59	8 062.59	368.17	−320.75	−281.19
2 190.43	7.35	290.46	−53.96	7 450.13
45.29	520.87	4.35	9 065.13	512.84
574.38	279.61	9 867.34	187.26	−396.47

乘　算（保留两位小数）		除　算（保留两位小数）	
一	268×491=	一	486 485÷745=
二	5 794×263=	二	304 624÷964=
三	8.4215×1.12=	三	2.024455÷0.6951=
四	135×9 017=	四	227 976÷826=
五	941×308=	五	336 490÷437=
六	0.1702×6.45=	六	503.8999÷7.52=
七	382×574=	七	210 657÷213=
八	8.06×0.3762=	八	250 952÷508=
九	607×76 839=	九	546.291÷38.9=
十	413×856=	十	131 918÷142=

全国珠算技术等级鉴定普通三级试题（二）

加减算　　　　　　　　　　　　　　　　　　　　　　　　　限时20分钟

一	二	三	四	五
50 832	514 607	7 418	14 286	367
674	72 536	397 056	487 602	5 043
9 451	9 028	526	9 063	295 081
920 673	384	70 842	−59 361	730 597
81 745	690 521	2 631	284	−84 612
846	48 127	43 589	−2 579	7 628
562 073	7 359	264	501 237	−20 943
1 239	54 162	941 306	296	1 325
65 928	496	15 032	−60 348	−595 302
803	287 403	197 608	−4 189	60 197
321 409	39 218	8 237	41 056	−483
8 735	2 085	57 194	173 693	587 136
258 716	607	905	−180 623	−49 064
70 496	732 059	18 962	607	529
12 492	19 684	250 179	28 594	46 718

六	七	八	九	十
14.79	5 062.18	464.03	9 428.75	1.68
8 340.26	4.87	78.95	−403.16	8 608.26
709.65	780.63	6 054.16	6.73	−75.91
5.92	6 749.12	420.39	53.82	8.24
780.31	25.34	5.84	−1 860.75	903.45
2 081.68	9.38	27.85	205.74	2 580.18
75.34	145.26	8 240.51	−61.98	15.36
3.16	92.07	316.97	3.72	−470.52
467.05	708.54	9.72	−740.91	6 049.85
5 819.42	26.91	50.94	4 083.26	6.35
9.37	8 140.85	7 612.08	8.59	−291.43
401.25	1 056.38	858.81	910.57	42.98
1 980.24	8.34	290.76	−34.63	−8 780.51
17.68	397.02	3.45	6 065.12	165.74
342.59	937.51	2 697.34	483.17	−530.89

乘 算（保留两位小数）		除 算（保留两位小数）	
一	648×372=	一	182 784÷476=
二	3 157×649=	二	211 365÷385=
三	5.8029×3.14=	三	1.469679÷0.1802=
四	635×8 027=	四	494 705÷607=
五	946×518=	五	415 296÷824=
六	0.7204×3.95=	六	195.4385÷7.36=
七	283×746=	七	165 616÷941=
八	6.72×0.3108=	八	540 441÷583=
九	407×691=	九	3 533.83÷659=
十	581×34 029=	十	219 912÷264=

全国珠算技术等级鉴定普通三级试题（三）

加减算　　　　　　　　　　　　　　　　　　　　限时20分钟

一	二	三	四	五
90 471	8 163	8 473	734 017	32 709
853	730 654	625	95 783	568 142
4 162	529	374 092	−7 082	−9 063
861 053	49 702	560 837	293	63 471
53 067	3 815	80 312	−340 781	−483
249	10 589	4 567	61 945	2 709
723 508	674	10 896	5 729	712 405
1 924	258 403	7 325	−40 186	891
60 783	52 074	419 203	185	10 983
485	932 065	29 108	514 602	3 645
273 041	4 068	375	−68 057	−405 601
6 019	56 397	829 456	3 948	−95 028
527 384	814	53 087	−567	467 023
94 076	30 723	946	931 045	581
73 862	736 189	60 314	40 569	−60 347

六	七	八	九	十
13.92	267.04	8.76	6 054.18	430.85
6 257.04	53.29	4 528.03	8.27	8 276.19
840.65	3 548.16	70.19	−946.53	6.51
3.72	641.02	6.43	7 140.52	−83.97
504.12	1.78	910.87	−48.36	−4 130.64
4 510.68	70.93	3 979.15	7.39	503.27
21.39	9 804.51	13.54	362.89	4.93
7.98	423.79	362.58	−24.87	16.47
480.39	8.16	2 693.07	510.84	−530.14
5 364.07	39.52	9.04	69.12	3 324.45
3.67	7 346.08	785.13	−4 523.07	3.45
701.84	180.53	54.92	8 340.61	−704.53
6 190.32	249.06	4 730.61	−7.09	−26.73
98.25	5.87	386.92	380.45	9 330.21
574.38	8 061.72	650.64	426.17	673.15

乘　算（保留两位小数）		除　算（保留两位小数）	
一	953×437=	一	356 625÷375=
二	6 419×237=	二	291 468÷642=
三	3.6057×3.65=	三	0.726138÷0.1708=
四	273×3 053=	四	436 760÷716=
五	361×563=	五	364 744÷508=
六	0.3104×3.34=	六	691.4973÷5.47=
七	2.64×0.5061=	七	343 664÷914=
八	483×97 206=	八	46 872÷372=
九	246×313=	九	553.491÷68.4=
十	708×943=	十	194 670÷270=

全国珠算技术等级鉴定普通二级试题（一）

加减算 限时20分钟

一	二	三	四	五
9 358	482 901	728 156	345 216	349 512
49 712	1 253	3 094 871	−7 408	5 706
138 752	127 389	3 904	7 048 325	−95 367
620 974	59 607	91 662	70 835	684 117
23 084	213 796	54 102	−192 685	8 614
26 304	4 682	836 405	16 278	78 049
784 956	73 145	1 836	3 263 591	−435 928
7 829	3 473 612	27 589	−2 403	4 072 658
258 607	8 059 436	4 816 539	9 142	10 268
5 941 378	143 504	562 034	48 506	−1 702
9 201	8 509	174 241	−840 296	72 809
6 026 193	6 462 185	5 697	351 974	−614 203
879 463	38 094	490 752	62 934	−3 475
50 613	6 317	7 908	5 371	270 536
5 206	56 027	30 481	−371 809	1 596 834

六	七	八	九	十
14.98	2 735.01	43 728.56	530.17	3 412.57
567.43	21.69	70 192.48	−25.04	−28.09
321.05	47.32	6 279.05	9 178.24	860.41
7 856.92	891.72	82.76	87 263.91	4 321.76
78.36	98 374.12	345.21	85.06	50 879.26
41 887.93	1 289.35	71.09	20 546.83	−123.98
2 306.75	654.08	180.63	204.63	9 643.58
310.85	2 198.54	198.03	−1 987.43	69.54
8 765.21	305.74	9 104.53	−789.65	34.82
902.41	5 609.18	41.02	36.21	−8 702.31
93.02	640.28	709.28	−6 624.09	21 596.34
8 492.07	30 657.94	2 865.71	91.58	509.76
5 941.78	96.07	5 634.79	543.07	−58.07
63.04	36.05	6 543.98	−4 508.97	876.01
90 324.61	7 421.36	56.14	3 319.25	−4 975.03

乘　算（保留两位小数）		除　算（保留两位小数）	
一	7 896×1 907=	一	48 924÷453=
二	9 402×729=	二	4 212 738÷5 094=
三	504×9 041=	三	315 555÷965=
四	5 218×7 283=	四	391.824774÷0.302=
五	1.09×4.6032=	五	59.55911÷8.769=
六	53.02×20.04=	六	249 725÷1 427=
七	1.635×863=	七	298.2469÷23.5=
八	287.53×3.08=	八	2 853 424÷698=
九	481×5 874=	九	55 012.63÷817=
十	6 047×4 536=	十	108 942÷402=

全国珠算技术等级鉴定普通二级试题（二）

加减算 限时20分钟

一	二	三	四	五
936 153	5 768	675 123	875 103	4 375 082
7 683	8 925 035	4 368 097	-65 034	846 219
3 147 905	64 378	4 805	6 026 345	-5 903
79 582	128 075	597 213	-299 784	91 201
304 138	35 253	73 561	461 230	-344 821
48 097	205 864	102 480	20 387	6 587
527 684	7 493	6 175	-5 678	8 350 906
7 082	43 365	2 001 985	4 851 206	47 192
38 951	919 087	524 037	-65 203	-25 683
6 317	4 408 372	919 486	9 814	492 101
5 908 326	785 129	76 502	453 396	7 218
708 604	7 023	3 918	8 041	60 391
65 354	624 109	47 045	-70 683	-396 524
4 812	56 293	6 532	139 254	-577 025
275 093	3 107	82 440	9 238	3 876

六	七	八	九	十
74 512.01	1 390.73	473.62	97 390.68	6 592.37
469.78	9 462.08	12.58	45.82	76 103.54
1 580.62	87 593.01	79 625.03	-4 910.23	-47.82
50.93	59.63	6 828.07	20.89	-831.06
860.74	805.27	511.23	542.76	2 148.08
3 892.03	64.12	76.09	7 807.26	18.34
93.75	4 870.29	8 561.82	-34 630.95	-425.97
7 506.97	36.95	31 417.40	5 580.23	8 909.12
631.08	745.18	49.86	782.37	52.87
44 540.93	61 380.13	925.39	-94.12	-603.21
19.51	881.92	8 681.24	2 607.23	4 397.28
5 846.63	4 572.36	3 780.23	-319.13	20 815.62
39.52	52.83	76.09	9 286.25	398.84
312.58	603.47	205.37	70.18	-7 760.93
2 189.62	6 915.28	1 405.82	-512.34	35.08

乘　算（保留两位小数）		除　算（保留两位小数）	
一	8 731×6 308=	一	167.745÷795=
二	3 905×853=	二	6 244 567÷9 037=
三	60.3×9.1254=	三	2 579 013÷621=
四	42.15×56.31=	四	597 552÷708=
五	976×7 789=	五	68.8287÷61.603=
六	1 098×9 421=	六	600 696÷2 781=
七	4.09×3.096=	七	2 051 073÷349=
八	456×8 572=	八	288.820699÷0.508=
九	6 124×712=	九	138.3511÷85.9=
十	578.42×24.7=	十	3 079 904÷436=

全国珠算技术等级鉴定普通二级试题（三）

加减算 限时20分钟

一	二	三	四	五
3 158	482 901	2 738 156	45 016	349 512
49 712	1 253	6 094 871	−7 408	5 706
138 752	127 398	3 904	70 835	468 317
602 497	59 670	91 026	7 048 325	−95 367
23 048	213 769	836 405	−419 586	8 146
26 304	6 482	1 836	916 278	708 490
784 956	73 154	27 589	2 765 319	−72 453
7 829	876 412	618 539	2 403	4 072 658
158 706	8 059 436	256 473	9 142	10 268
5 941 348	36 027	657 421	48 506	−1 702
9 201	3 504	5 697	−840 269	72 809
4 026 193	18 059	409 752	−62 934	−416 203
879 436	6 462 185	7 908	5 371	3 475
50 613	8 094	30 418	−371 809	−720 359
5 206	950 317	85 397	256 780	5 196 834

六	七	八	九	十
41.98	2 735.01	43 728.56	530.17	4 312.75
567.43	12.69	70 192.48	−25.04	28.09
231.05	47.32	6 279.05	9 178.42	684.10
7 856.92	891.76	82.67	43 629.87	−2 021.67
87.36	12 743.98	341.52	86.05	50 879.26
4 187.93	3 589.12	71.09	20 548.96	−1 239.87
2 306.75	650.48	180.36	204.36	435.96
138.08	4 512.98	190.38	−4 781.92	69.54
8 765.21	305.47	9 157.43	−789.65	43.82
109.42	5 609.18	41.02	36.21	−6 023.78
93.02	640.28	709.86	−7 390.16	21 596.43
4 892.07	30 657.94	2 865.71	98.51	509.76
65 941.78	96.07	56.14	−504.73	−58.07
63.04	36.05	6 543.89	1 508.97	786.01
23 164.09	1 263.74	4 365.97	3 619.25	−5 975.03

乘　算（保留两位小数）		除　算（保留两位小数）	
一	4 258×7 504=	一	420 336÷834=
二	6 501×415=	二	526 872÷3 028=
三	7 893×289=	三	4.2127156÷1.6902=
四	12 439×932=	四	4 604 133÷5 876=
五	70.5×6.8901=	五	768.5764÷74.3=
六	37.81×17.58=	六	7 387 341÷921=
七	6.29×3.243=	七	639 951÷807=
八	8 064×6 398=	八	1 504 152÷156=
九	306×5 067=	九	1 401 126÷293=
十	317.2×4.129=	十	15.011979÷0.407=

全国珠算技术等级鉴定普通一级试题（一）

加减算 限时20分钟

一	二	三	四	五
29 031	3 721 506	375 894	5 609 347	83 240 698
6 204	126 035	82 730 561	−716 829	2 439
5 136 947	4 268	5 921 048	8 342	−946 283
823 764	10 489	60 374	49 205 638	4 853 704
12 540 978	53 901 835	13 249	−50 714	2 081
87 632	6 820 173	4 602	63 128	−67 145
431 765	4 736	12 035 796	3 709 541	351 607
9 537	13 625	867 152	56 902 784	−32 436 718
20 478 629	520 408	4 867	−7 415	8 294
9 805 367	21 903 746	21 089	902 168	7 963 185
9 128	1 459 167	46 905 824	1 360 951	−371 609
175 305	52 319 876	3 470 915	25 486	20 957 861
42 309 857	458 961	4 013 852	−407 135	64 352
8 167 502	7 024	7 649	−37 429 068	−6 105 798
13 359	65 902	502 398	8 126	59 214

六	七	八	九	十
918 504.76	57 013.26	43.16	64 970.85	50 869.24
435.08	2 491.08	8 790.52	35.19	297 163.05
1 543.27	49.85	489 012.73	−124.56	−847.31
79.62	302.57	19 470.54	87 240.36	4 810.47
81 976.23	9 260.31	316.85	−9 703.81	93.52
6 058.71	234 691.87	5 230.91	549.78	356 280.14
32.49	20 864.35	68.47	839 021.67	−84.93
623 871.05	817.92	542 307.32	5 824.03	−74 205.68
475.38	795 308.47	2 041.98	32.15	791.02
12 908.64	57.84	97 685.13	97 084.62	875 416.93
39.42	6 365.17	502.46	−3 617.53	6 039.54
347 592.60	487 561.49	748 021.32	742 352.91	157.68
5 867.01	19.02	318.97	−804.26	−41 802.37
31 509.87	529.08	87 209.65	−142 830.48	−2 371.59
278.14	27 541.63	24.39	56.74	49.86

乘　算（保留两位小数）		除　算（保留两位小数）	
一	9 412×3 247=	一	25 341 253÷60 193=
二	51 067×7 304=	二	24 301 420÷638=
三	60.83×0.324=	三	1 943 928÷3 192=
四	2 567×6 139=	四	0.98415÷0.079=
五	7.4093×28.56=	五	2 135 896÷3 548=
六	908.5×84.16=	六	1 748 823÷471=
七	6 371×5 748=	七	3.717134÷0.564=
八	380.4×0.7293=	八	10 484.2092÷82.7=
九	4 278×2 905=	九	836 628÷2 076=
十	18.52×1.605=	十	5 194 636÷80 425=

全国珠算技术等级鉴定普通一级试题（二）

加减算   限时20分钟

一	二	三	四	五
94 213	1 375 095	295 483	5 067 238	13 380
6 052	526 806	8 895 401	-812 783	79 658 076
7 039 438	4 683	26 931 036	9 432	390 757
538 685	26 578	5 248	39 260 574	-8 703 184
90 873 096	92 876 502	37 293	-13 965	9 231
96 513	8 720 361	6 404	95 203	68 570
456 983	9 374	48 650 723	1 503 439	-935 608
5 237	78 756	967 531	28 970 365	4 356 976
38 741 502	238 907	30 573	-4 651	-5 985
6 959 086	46 785 309	2 179	596 728	-40 519 362
8 307	4 873 685	16 305 062	-7 284 609	691 348
827 165	90 653	3 859 124	88 057	93 867 149
93 206 557	23 581 976	7 503 786	-490 365	-61 905
8 467 132	805 493	16 238	27 582 094	9 273
70 658	4 635	409 893	6 243	4 803 456

六	七	八	九	十
814 805.61	57 260.58	45.83	284 031.69	70 158.43
239.05	7 143.09	8 730.91	53.87	254 179.06
5 734.13	36.85	491 035.76	-374.62	-841.58
85.76	901.27	48 720.55	87 607.28	-6 860.85
23 136.02	4 539.12	565.89	-6 908.96	94.27
9 671.28	847 142.04	4 907.12	486.65	623 801.52
39.87	79 625.36	55.37	259 710.53	75.94
605.79	176.82	197 238.04	5 943.06	-318 036.35
79 358.63	285 207.43	8 329.75	92.18	438.87
50.24	37.69	276.38	-64 935.03	70 176.59
267 032.58	1 280.18	509 723.57	6 329.84	-783.04
8 867.59	98 307.52	658.44	392 750.18	30 541.23
43 125.96	340 303.94	98 402.76	-274.36	4 572.38
568.07	99.23	26.04	50 019.62	-6 498.72
197 284.56	434.75	73 864.93	-81.47	90.18

乘　算（保留两位小数）		除　算（保留两位小数）	
一	14 853×2 614=	一	6 812.4721÷8.53=
二	4 315×6 297=	二	1 468 896÷5 136=
三	9 371×89 265=	三	23 441.437÷64.8=
四	8 624×1.7935=	四	1 944 544÷17 362=
五	7 182×5 049=	五	6 628 160÷9 415=
六	5 937×9 741=	六	52.45639÷6.083=
七	20.46×3.1582=	七	1 937 331÷3 267=
八	7.069×8.403=	八	6.56794÷0.074=
九	920.8×0.4753=	九	27 283 674÷72 951=
十	409.5×17.08=	十	2 605 692÷482=

全国珠算技术等级鉴定普通一级试题（三）

加减算　　　　　　　　　　　　　　　　　　　限时20分钟

一	二	三	四	五
94 213	1 375 095	295 483	5 067 238	13 308
6 205	526 806	87 895 401	−817 832	89 658 079
7 034 938	4 385	6 931 036	9 463	907 357
538 685	20 587	5 248	39 605 742	−8 703 184
90 873 096	29 876 526	87 293	−13 569	9 231
96 531	8 720 361	6 406	95 203	80 654
456 839	9 387	48 650 724	1 563 496	−539 608
7 523	78 756	967 513	48 907 365	4 356 972
30 415 278	923 708	50 382	−4 158	5 968
6 950 986	34 768 059	82 197	596 782	−20 519 326
8 037	4 873 685	61 305 026	−7 284 609	−791 263
872 156	90 356	3 859 124	−490 563	39 867 124
39 260 575	53 581 967	9 503 867	72 580 257	−67 950
8 467 213	805 493	6 238	6 243	9 273
60 758	2 635	904 893	91 785	4 803 456

六	七	八	九	十
487 480.56	57 260.58	15.38	824 301.96	70 158.43
235.09	1 740.39	8 730.91	53.87	254 197.06
5 784.13	63.85	910 356.74	−374.62	−845.18
85.67	901.27	48 750.55	8 607.28	−6 860.85
13 026.23	4 539.12	565.89	−69 083.97	94.72
671.82	374 120.45	4 972.12	259 715.03	623 801.25
39.78	97 625.36	65.34	5 943.06	75.94
178 402.86	167.28	109 823.73	92.18	−18 035.63
650.97	285 207.83	1 239.57	−64 298.37	348.87
42.05	37.96	726.38	3 625.93	571 760.25
260 857.32	7 208.18	609 732.75	197 570.81	−1 193.62
8 867.24	48 307.25	654.84	−275.38	783.04
34 152.96	746 030.98	98 420.67	50 190.26	30 541.23
2 605.78	92.93	52.04	−81.42	−4 574.46
47 586.93	434.75	37 194.58	346.71	90.18

乘　算（保留两位小数）	除　算（保留两位小数）
一　9 142×4 327=	一　19 848 072÷30 916=
二　41 706×7 035=	二　6 440 838÷9 123=
三　68.03×9.2034=	三　6 685.5631÷3.68=
四　7 526×1 396=	四　5 024 712÷5 438=
五　9.5048×25.63=	五　2 291 172÷741=
六　808.5×64.19=	六　3.3779÷0.086=
七　7 361×5 847=	七　1 280 082÷6 702=
八　3 704×0.8293=	八　55.6661÷0.189=
九　2 748×9 205=	九　40 208 784÷87 032=
十　81.56×1.7502=	十　205 365.14÷72.8=

全国珠算技术等级鉴定能手级试题（一）

加减算 限时20分钟

一	二	三	四	五
12 648 795.26	269 103.78	14 611 623.15	20 851 967.43	78 154.25
564 197.32	26 189 026.74	8 263 645.29	−682 503.79	2 036.47
1 286.48	6 036.15	8 159.41	8 601.74	−9 035.81
38 169 453.07	44 069.98	98 014.68	9 648 314.58	54 489 302.58
65 980.34	1 987.26	268 147.59	−89 505.54	4 895.67
98 642.19	953 148.36	87 154.29	94 569 147.32	802 345.87
9 316.07	44 369 025.17	8 104 270.95	−78 654 123.87	−99 125.48
32 401.06	2 390 346.28	8 492.08	9 154.36	48 105 607.48
66 187 324.64	5 369.12	47 018 987.56	247 258.12	−486 258.79
9 346 185.37	603 121.58	48 159.01	9 874 123.58	5 123 456.81
108 346.98	54 036.84	654 187.59	−987 269.41	41 025.98
3 168 026.42	9 036 042.11	37 876 415.07	4 012 365.48	−15 658 147.65
5 349.14	64 195 036.22	5 014.07	41 268.15	4 016 587.03
6 037 185.04	38 269.46	6 147 068.33	−8 026.47	201 369.85
457 196.38	9 067 156.87	549 001.97	87 154.26	−9 125 347.57

六	七	八	九	十
987 265	15 324 159	9 874	6 015 789	98 697
10 296 753	3 057	65 492	94 125	9 157 684
3 246	57 014	852 103	−8 025	35 684 106
976 048	65 148 302	2 369	71 025 986	8 026
58 346 185	8 120 304	30 265 014	−5 127 036	−24 563
90 348	6 157	9 315 741	10 254	69 102 874
7 063 904	20 169 547	35 128	−901 247	−851 035
5 167	11 224	1 547	3 147 258	2 048 963
24 369	9 102 487	21 034 789	1 048	10 274
43 159 207	5 168	417 024	56 035 984	−3 605
6 415 287	3 026 587	3 025	−994 024	114 038
6 159	502 408	36 097	50 369	−19 305 278
35 174 269	348 069	42 103 598	9 568 147	8 036 951
8 159 648	2 147	8 014 036	−14 357 986	−39 602
645 978	94 126 852	85 203	3 048	6 248
2 103	7 016 354	645 123	−302 687	−4 128 359
60 175	326 852	2 014 369	27 359	62 358 097
1 034 698	10 369	75 102 489	624 587	−963 258
236 025	654 023	820 169	−24 103 698	5 412
66 159	52 025	7 301 264	6 248	103 698

续表

十一	十二	十三	十四	十五
2 048 795.29	26 103.31	25 369 458.21	9 024 368.45	987 123.45
456 197.12	6 184 026.74	9 648 102.78	−9 046.28	−59 357.48
31 206.48	6 736.15	4 036.25	56 321.87	9 369.45
78 121 453.42	524 069.98	88 147.54	−5 146 357.94	5 012 367.97
5 980.34	1 987.47	94 123 687.25	57 269 354.18	−602 487.19
398 652.91	953 148.31	504 165.87	5 015.32	2 098.47
9 316.07	44 369 025.17	7 016.58	−852 147.95	10 357.48
32 401.06	2 390 576.28	10 248.59	14 258 987.46	82 036 487.15
66 187 324.64	5 369.12	10 258 324.01	6 034.85	−7 369 147.25
9 346 185.37	5 603 581.33	5 014 789.36	−98 475.46	63 015.48
211 346.98	54 036.84	2 354.71	102 369.04	−8 476.25
33 168 523.24	89 036 042.17	51 036.04	−24 035 148.95	152 034.78
5 349.14	195 036.52	741 258.36	8 147 369.25	14 035 168.57
6 037 185.58	38 269.46	6 254 789.36	542 068.78	3 057 489.83
70 196.03	19 067 709.87	410 236.87	40 136.78	−22 360 154.54

十六	十七	十八	十九	二十
2 987 265	21 125 036	6 897	98 147	4 741 369
296 653	9 487	41 032 589	−6 549	7 145
23 246	369 105	854 269	12 357 459	84 145 368
11 976 048	78 035	88 574	88 016	−48 258
8 309 182	94 158 097	3 054	741 036	1 025 489
90 348	8 951 032	6 102 478	−5 648 102	9 048
27 512 904	1 258	14 325 687	76 147 365	−145 358
5 167	35 017	214 589	4 852	23 014
24 369	46 148 953	1 048	−963 147	−14 369 578
159 207	4 123 687	3 012 654	2 014 987	−6 487
6 415 287	852 147	74 158	7 302	605 408
6 159	65 325	65 487 258	−31 478 956	−2 678 159
35 461 908	8 147	140 265	52 014	52 367
8 159 648	301 478	4 352	7 159 365	4 128
645 114	99 417	8 369 104	−412 359	−410 278
2 103	30 148 657	22 036	8 026	14 138
31 175	4 368	112 445	−65 123	64 124 789
71 427 098	6 123 014	36 025 014	102 478	9 357 804
236 454	336 098	85 026	−6 035 789	−35 872 489
7 286	2 159 689	3 478 956	46 258 753	654 059

乘　算（保留两位小数）		除　算（保留两位小数）	
一	2.6079 ×0.6593=	一	4 650 789 741÷857 921=
二	645 257 ×2 496=	二	172.85136÷643.07=
三	56 123 ×7 056=	三	2 801 590 153÷375 901=
四	2.9108 ×5.3824=	四	3 233 186 642÷4 918=
五	478 023 ×84 576=	五	2 642.05194÷481.5=
六	98 316 ×21 159=	六	668 712 421÷32 071=
七	71 032 ×9 026=	七	4 431.8761÷5 176.30=
八	0.1587 ×0.6547=	八	19 624 041÷3 027=
九	4 697 ×81 167=	九	828 555 624÷612 837=
十	72 069 ×564 876=	十	1 351 063 824÷38 967=
十一	19.24 ×18.5932=	十一	1.45454339÷0.4823=
十二	9 032 ×9 145=	十二	26 865 904÷2 951=
十三	0.1965 ×62.94=	十三	6 379 332 199÷8 293=
十四	3 216 ×4 124=	十四	5.31960448÷7.3419=
十五	82.7915 ×6.9437=	十五	3 738.18903÷497.5=
十六	678 914 ×1 054=	十六	39 118 068÷6 852=
十七	0.5029 ×4.6052=	十七	2 873 744 908÷2 987=
十八	5 123 ×41 569=	十八	173.64298÷456.13=
十九	8.7426 ×78.9346=	十九	29.443792÷18.64=
二十	3 159 ×987 102=	二十	28 129 264÷3 847=

全国珠算技术等级鉴定能手级试题（二）

加减算 　　　　　　　　　　　　　　　　　　　　　　　　　　限时 20 分钟

一	二	三	四	五
213 795.66	3 269 103.25	11 623.15	50 851 147.43	78 154.87
4 197.32	76 189 026.74	8 263 645.29	−682 503.86	7 362 746.47
31 286.48	16 036.15	48 159.14	8 963.74	−39 963.81
44 169 453.07	4 985.98	8 014.68	−9 648 314.85	60 489 302.58
65 981.56	31 187.26	30 268 147.98	89 505.01	4 895.67
298 642.19	553 148.36	387 154.24	4 569 147.32	−802 345.87
9 316.52	9 025.17	68 104 270.95	−28 654 569.87	9 125.48
2 132 401.06	52 390 346.28	8 492.08	9 154.36	42 340 607.48
187 324.64	5 369.12	7 018 987.56	−247 258.12	−486 258.79
9 346 596.37	603 121.58	48 159.07	52 743.58	23 456.01
12 108 346.98	54 036.84	3 654 478.59	−97 269.41	1 025.97
68 026.87	9 036 042.18	876 963.86	34 012 365.87	−35 149 147.65
5 349.14	14 195 036.78	5 014.07	140 478.15	4 016 587.03
6 037 185.04	108 269.46	16 147 068.33	−8 026.47	201 369.85
457 694.38	6 067 258.04	549 141.97	2 014 154.25	−9 125 147.57

六	七	八	九	十
324 159	2 987 053	9 012	6 915 789	68 965
3 057	45 296 223	65 475	−84 126	157 684
57 014	3 915	2 103	8 025	5 684 176
65 148 209	176 048	3 112 369	41 025 186	−8 206
8 120 304	26 675	265 014	−5 809 636	43 024 563
6 157	7 348	49 425 744	510 254	9 102 974
169 547	37 063 904	35 028	81 798	−851 804
31 548 574	5 467	901 547	−147 809	62 040 963
9 102 487	424 996	61 764 789	1 768	10 274
5 168	5 167 219	9 417 852	56 035 984	−3 605
52 113 587	26 415 487	3 963	−994 024	−7 114 038
502 408	66 093	36 257	50 859	425 278
48 069	4 209	12 963 598	69 568 147	−28 036 951
2 147	159 648	8 404 674	−4 357 863	39 602
24 126 852	4 645 978	5 203	3 778	6 418
7 963 354	92 773	25 645 123	−302 687	−4 128 359
326 852	860 451	774 369	27 359	52 548 097
10 369	3 090 698	5 102 209	−15 624 906	−963 285
9 654 254	87 126 475	20 169	6 103 698	5 412
52 763	72 015	301 034	6 587	93 023

十一	十二	十三	十四	十五
42 048 706.66	6 103.31	5 369 458.21	6 024 368.95	87 123.46
456 987.12	36 184 026.74	908 102.78	65 046.21	−9 357.08
90 206.48	56 736.56	4 886.25	−6 006.87	819 099.45
8 121 453.41	4 524 449.98	88 147.64	146 357.94	45 012 367.32
5 980.34	1 987.47	64 465 687.25	67 269 464.18	−602 487.19
398 652.67	21 953 148.67	504 177.81	5 015.32	2 421.57
9 316.07	369 065.17	7 016.58	3 852 147.95	−10 357.48
32 561.53	2 390 576.28	10 248.57	−24 258 987.46	2 554 487.09
187 324.64	305 709.09	21 258 324.01	7 034.85	−7 369 147.25
39 346 185.37	5 603 581.33	7 014 679.36	−98 475.46	9 015.48
11 346.47	54 036.84	2 354.53	721 369.56	48 476.25
3 168 523.24	79 036 123.73	32 036.04	−4 035 678.04	152 034.61
12 345 349.94	195 633.52	4 741 258.58	38 147 369.25	−24 035 458.57
7 134.58	8 269.21	16 254 789.36	−542 098.78	3 237 489.22
4 570 096.03	67 709.87	488 236.88	87 136.99	52 309 098.54

十六	十七	十八	十九	二十
12 987 265	125 908	6 808	91 667	54 741 045
4 296 123	49 087	1 898 589	6 504	−687 512
9 246	3 369 155	51 609 271	65 357 129	9 145 368
76 048	8 435	211 574	−88 556	8 568
309 182	64 158 197	3 144	734 036	−21 025 489
90 468	8 951 032	46 102 478	−9 648 102	59 557
7 512 904	51 218	4 335 656	6 147 358	−63 145 358
5 167	5 017	14 589	4 852	23 674
724 369	8 148 953	1 048	−873 187	4 369 578
59 602	34 123 557	3 012 654	42 014 987	−6 097
46 099 287	2 147	74 898	67 313	95 413
76 159	365 325	497 258	−39 478 956	−2 678 159
5 221 788	48 667	141 095	2 564	752 367
68 445 648	41 301 478	4 352	7 159 365	4 458
645 514	9 327	68 369 104	−512 729	−410 278
2 103	648 657	22 036	8 026	14 138
831 175	14 368	32 532 475	−65 123	5 124 332
4 427 898	26 123 014	6 025 014	872 688	357 804
54 809 678	336 678	85 326	−6 035 789	−35 872 489
7 643	2 159 345	298 956	56 098 098	7 415

	乘　算（保留两位小数）		除　算（保留两位小数）
一	8 634 ×5 197=	一	41 965 437 ÷8 103=
二	1 759 ×2 689=	二	2 069 608 821÷250 467=
三	9 162.8 ×5.4307=	三	384.3589÷6 423.09=
四	2 438 ×7 591=	四	72 362 565÷4 829=
五	5.7043 ×2 186.9=	五	0.20779282÷0.7658=
六	12.8967 ×304.5=	六	3.07140546÷4.3102=
七	5 079 ×8 263=	七	124 859 272÷1 978=
八	730.5 ×68.4129=	八	4 938 972 372÷71 802=
九	8 012 ×54 698=	九	42.956232÷0.5943=
十	69 564 ×2 014=	十	2 715.55498÷645.1=
十一	4 281 ×56 789=	十一	745 213 184÷2 816=
十二	9 620.8 ×43.0157=	十二	3 573.958305÷963.17=
十三	68 258 ×9 147=	十三	2.20135922÷0.0587=
十四	68.3105 ×4 928.3=	十四	21 466 644÷5 493=
十五	89 356 ×9 147=	十五	4 856 528 544÷769 412=
十六	678 914 ×4 764=	十六	71 323 064÷48 952=
十七	20 561.8 ×3.2984=	十七	39 944 916÷5 309=
十八	1 842 ×41 329=	十八	142 795 632÷1 708=
十九	3 987.4 ×24.0571=	十九	5 697 441÷637.58=
二十	6 159 ×912 102=	二十	187 633 389÷36 021=

全国珠算技术等级鉴定能手级试题（三）

加减算　　　　　　　　　　　　　　　　　　　　　限时20分钟

一	二	三	四	五
3 795.09	23 269 198.25	9 007.18	49 809 147.41	8 159.87
64 197.32	289 026.79	28 263 645.29	82 503.86	362 746.96
467 286.48	16 736.15	5 048 159.14	−538 963.74	−89 963.81
9 169 437.07	4 985.98	68 014.65	1 648 320.85	43 489 118.13
5 981.56	7 031 187.26	209 256.98	49 515.97	74 895.98
32 298 842.19	53 835.36	64 387 154.24	269 147.32	−4 902 370.82
59 316.41	9 025.17	4 209.31	−8 659 560.87	9 125.35
132 401.06	49 337 346.88	918 492.08	9 154.36	40 143.48
4 187 094.64	785 369.92	7 022 987.56	−647 258.12	−7 486 258.79
79 346 596.37	3 121.58	48 159.07	2 743.42	923 456.67
708 322.98	4 054 766.84	43 654 478.59	−97 219.41	1 655.21
68 026.81	36 024.15	876 963.26	34 012 365.87	5 312 147.65
5 349.14	195 036.79	95 014.07	4 140 408.15	74 016 137.05
16 423 185.04	5 119 269.46	6 147 748.39	−8 026.41	−297 369.85
5 457 614.38	36 067 378.04	5 141.97	20 332 154.25	−29 125 347.57

六	七	八	九	十
4 324 159	87 051	49 352	86 915 789	8 569
83 057	8 296 067	5 478	4 096	4 157 684
7 984	3 915	32 152 164	−108 365	−684 187
148 179	34 176 623	3 712 302	1 025 247	90 216
58 056 384	826 115	275 776	−15 809 636	63 024 563
96 095	37 348	9 425 704	86 254	102 074
7 229 547	4 904	35 028	481 798	−7 851 804
8 074	76 135 467	56 901 547	−7 809	52 031 963
29 182 487	424 975	1 764 705	65 091 588	53 574
5 168	4 167 219	17 852	−6 755 984	−9 605
2 326 587	26 409 487	823 963	94 024	109 038
502 918	6 093	6 187	50 859	−27 425 266
48 069	34 209	963 598	9 568 147	36 951
241 147	159 313	48 404 674	−34 357 863	9 145 602
6 852	54 645 978	5 203	3 709	38 216 418
47 963 906	92 738	5 045 123	−302 687	−3 908 359
26 852	7 860 451	32 351	27 359	5 541
3 941 369	7 608	75 102 209	5 624 906	−863 285
654 124	423 475	9 169	−103 121	45 412
11 452 098	5 672 017	301 034	6 587	3 167

十一	十二	十三	十四	十五
2 568 706.48	96 103.31	369 458.21	4 368.95	71 087 873.46
56 017.12	6 187 026.74	5 218 981.76	765 046.21	49 309.08
12 399 206.58	3 766.03	9 602.14	−76 316.07	5 139.45
121 763.41	54 524 139.28	12 098 147.64	6 357.94	−9 012 097.32
5 926.14	421 987.93	465 687.25	7 269 464.18	72 480.14
98 032.67	53 228.67	4 154.81	35 015.32	692 421.61
43 679 316.92	9 065.15	97 016.58	63 852 147.95	−21 210 333.58
409 562.53	5 390 166.28	2 410 248.57	−4 258 987.46	−54 487.62
97 324.51	705 709.09	81 208 324.01	7 034.85	7 369 147.09
9 330 185.37	35 603 581.33	14 679.36	−12 598 475.46	9 015.48
1 376.98	54 466.84	2 276.51	921 369.56	−548 476.64
53 768 529.04	136 123.73	32 036.04	−9 035 678.04	49 152 034.61
345 143.85	2 495 603.52	74 536 096.58	28 147 369.25	−735 758.57
7 874.51	8 269.21	6 254 789.36	42 098.78	71 149.22
4 524 096.93	15 067 709.87	414 286.59	−687 136.99	4 309 098.94

十六	十七	十八	十九	二十
987 065	4 125 908	6 808	67 891 321	4 741 678
64 296 192	9 087	61 898 589	−96 524	−87 092
29 746	369 107	609 271	357 013	69 145 368
6 132	31 158 431	8 211 574	−8 523	8 512
5 309 972	78 214	73 144	734 036	−1 025 489
91 523	6 951 032	102 478	−29 648 982	759 267
2 764	12 051 218	24 335 656	6 147 358	43 145 358
3 095 357	7 987	9 014 589	34 132	3 604
24 069	48 953	71 048	−873 845	14 369 579
9 602	7 123 507	2 654	4 014 087	−96 097
22 013 287	12 147	54 898	67 313	295 413
76 519	33 365 725	30 497 258	30 478 952	−2 678 219
221 726	608 347	641 095	2 564	52 367
8 445 648	1 478	4 352	7 159 241	134 113
5 756	21 079 327	4 369 104	−512 729	−410 278
13 522 103	248 057	22 036	8 026	14 478
831 269	4 368	2 532 475	−65 445	−35 124 382
84 427 098	3 123 665	16 025 014	2 806	9 809
4 809 178	36 224	685 326	36 035 789	−5 872 137
127 636	159 341	8 956	−6 098 235	7 415

	乘　算（保留两位小数）		除　算（保留两位小数）
一	6 089 ×8 126=	一	386 635 327÷5 409=
二	9 105 ×3 165=	二	71 482 032÷3 824=
三	14.7028 ×3.2097=	三	1 031 975 645÷120 873=
四	2 369 ×4 157=	四	0.42185066÷0.7962=
五	46.19 ×9.45273=	五	432.7696÷6 243.07=
六	0.8217 ×85.0162=	六	3.393011÷5.4102=
七	3 698 ×2 548=	七	167 774 468÷2 857=
八	9.2046 ×0.7432=	八	3 719 872 891÷81 403=
九	6 321 ×41 036=	九	46.1675449÷0.6145=
十	65 248 ×3 125=	十	7 819.65521÷965.1=
十一	3 269 ×40 258=	十一	3 208 237 824÷3 916=
十二	81.049 ×16.8592=	十二	1 980.236387÷764.39=
十三	32 456 ×8 548=	十三	2.26789567÷0.0589=
十四	50.27 ×7.4051=	十四	33 189 900÷8 725=
十五	36 548 ×8 745=	十五	7 297 921 212÷869 732=
十六	221 336 ×6 542=	十六	66 471 712÷38 512=
十七	8.7413 ×280.453=	十七	69 082 200÷9 304=
十八	1 322 ×66 319=	十八	118 726 715÷1 405=
十九	0.82165 ×0.972=	十九	42.92253÷617.85=
二十	6 131 ×265 102=	二十	476 964 137÷67 093=

附录1

中国珠算心算协会简介

中国珠算心算协会成立于1979年10月31日，是从事珠算心算教育推广与理论研究的学术性社会团体，经中华人民共和国民政部登记为国家一级协会。

协会宗旨：本会以马列主义、毛泽东思想、邓小平理论和"三个代表"重要思想、科学发展观、习近平新时代中国特色社会主义思想为指导，遵守中华人民共和国宪法、法律、法规和国家政策，践行社会主义核心价值观，遵守社会道德风尚；坚持以经济建设为中心，坚持改革开放；贯彻理论联系实际和百花齐放、百家争鸣的方针；团结广大珠算心算工作者，弘扬珠算文化，发挥珠算心算的计算、教育和启智功能，坚持以珠算心算教育为重点，促进珠算心算事业发展，为全面建成小康社会服务，为实现中华民族伟大复兴的中国梦不懈奋斗。

组织机构：本会业务主管部门为中华人民共和国财政部。各省、自治区、直辖市、计划单列市及各系统（行业）的珠算心算协会为本会团体会员，业务上接受本会指导。全国绝大多数地级市和大部分县级市以及少数乡镇都建立了珠算心算协会。珠算心算组织遍布全国各地，为发展珠算心算事业打下了坚实的组织基础。本会分别设立珠算史、学术研究、珠算心算教育、三算（笔算、珠算、心算）教学、鉴定比赛和师资培训等5个专业委员会，分别承担有关理论研究与学术交流活动的组织推动工作。

业务范围：①组织珠算、珠心算理论研究，进行国内外学术交流，宣传普及珠算、珠心算科学知识；②推广普及珠算、珠心算，培训师资，不断提高教学质量和计算技术水平；③开展珠算、珠心算技术等级鉴定，组织珠算、珠心算技术比赛；④推动珠算算具改革，监制算具，组织推广应用；⑤组织评议珠算、珠心算科研成果，表彰奖励优秀作品；⑥编辑出版珠算、珠心算书籍、报刊、资料、软件和音像制品，提供珠算、珠心算科技咨询和算具、题册等服务；⑦统一印制发行中华人民共和国珠算技术等级证书、珠心算等级证书、珠心算段位等级证书和鉴定员、裁判员证书等；⑧开展国际民间交往，加强同境外珠算心算组织联系与友好合作。

——摘自"世界珠心算网"

附录2

全国珠算等级鉴定标准

加减算

项目 \ 等级	普通级						能手级	
	一级	二级	三级	四级	五级	六级		
题　数	10	10	10	10	10	10	20	
其中：连加法	6	6	6	6	6	6	12	
加减混合	4	4	4	4	4	4	8	
每题带减号笔数	5	5	5	5	5	5	7/20	5/15
带角分题数	5	5	5					10
整数题	5	5	5	10	10	9		10
每题行数	15	15	15	15	15	14	20	15
题型　其中：10位数								3
9位数								3
8位数	3						4	3
7位数	3	2					4	3
6位数	3	5	4	2			4	3
5位数	3	4	5	2			4	
4位数	3	4	3	5	5	4	4	
3位数			3	6	10	4		
2位数						6		
要求合格题数	9	9	8	8	8	8		

乘　算

项目 \ 等级	普通级						能手级
	一级	二级	三级	四级	五级	六级	
题　数	10	10	10	10	10	10	20
其中：整数题	5	6	7	8	8	10	12
带小数题	5	4	3	2	2		8
四舍题	2	2	2	1	1		4
五入题	3	2	1	1	1		4
题型　实6位×法5位							2
5 × 6							2
6 × 4							2
4 × 6							2
5 × 5							2
5 × 4	2						3
4 × 5	2						3
4 × 4	6	4					4
5 × 3		1	1				
3 × 5		1	1				
4 × 3		2	2	1			
3 × 4		2	2	1			
3 × 3			4	2	2		
4 × 2				3	1		
2 × 4				3	1		
3 × 2					3	3	
2 × 3					3	3	
2 × 2						4	
要求合格题数	9	9	8	8	8	8	

珠算与点钞

除 算

项目 \ 等级	普通级 一级	二级	三级	四级	五级	六级	能手级
题　数	10	10	10	10	10	10	20
其中：除尽题	6	6	7	8	8	10	12
除不尽题	4	4	3	2	2		8
四舍题	2	2	2	1	1		4
五入题	2	2	1	1	1		4
题型 ÷6位=4位							3
÷4 =6							3
÷5 =5							2
÷5 =4							4
÷4 =5							4
÷4 =4							4
÷3 =5	2	1					
÷5 =3	2	1					
÷3 =4	3	2	1				
÷4 =3	3	2	1				
÷3 =3		4	8	4			
÷2 =3				3	3		
÷3 =2				3	3		
÷2 =2					4	10	
要求合格题数	9	9	8	8	8	8	

注：

1. 普通级试卷，加减算、乘算、除算各10题；能手级试卷，加减算、乘算、除算各20题，每张试卷限时20分钟。

2. 能手级加减算共20题，其中：10题为15行，10题为20行。15行的加减混合题有五笔减数，20行的加减混合题有7笔减数。

3. 能手级要求合格题数：加减算、乘算和除算各打对18题，为能手一级；各打对16题，为能手二级；各打对14题，为能手三级；各打对12题，为能手四级；加减算打对10题，乘算和除算各打对11题，为能手五级；加减算打对8题，乘算和除算各打对10题，为能手六级。

150

主要参考文献

［1］姚克贤. 珠算教程［M］. 4版. 大连：东北财经大学出版社，2015.

［2］盛永志. 财经基本技能［M］. 上海：上海财经大学出版社，2007.

［3］孙艳萍，侯雁. 珠算［M］. 长春：吉林人民出版社，2007.

［4］曹慧. 珠算与点钞［M］. 北京：科学出版社，2004.